W0179586

rowohlts monographien
begründet von Kurt Kusenberg
herausgegeben
von Klaus Schröter

Janusz Korczak

**mit Selbstzeugnissen
und Bilddokumenten
dargestellt von
Wolfgang Pelzer**

Rowohlt

Dieser Band wurde eigens für «rowohlts monographien» geschrieben
Den Anhang besorgte der Autor
Herausgeber: Klaus Schröter
Mitarbeit: Uwe Naumann
Assistenz: Erika Ahlers
Schlußredaktion: Volker Weigold
Umschlagentwurf: Werner Rebhuhn
Vorderseite: Janusz Korczak (dpa-Foto)
Rückseite: Kinder im Warschauer Getto, um 1941 (Ullstein-Bilderdienst, Berlin)

Veröffentlicht im Rowohlt Taschenbuch Verlag GmbH,
Reinbek bei Hamburg, Januar 1987
Copyright © 1987 by Rowohlt Taschenbuch Verlag GmbH,
Reinbek bei Hamburg
Alle Rechte an dieser Ausgabe vorbehalten
Satz Times (Linotron 202)
Gesamtherstellung Clausen & Bosse, Leck
Printed in Germany
980-ISBN 3 499 50362 X

Inhalt

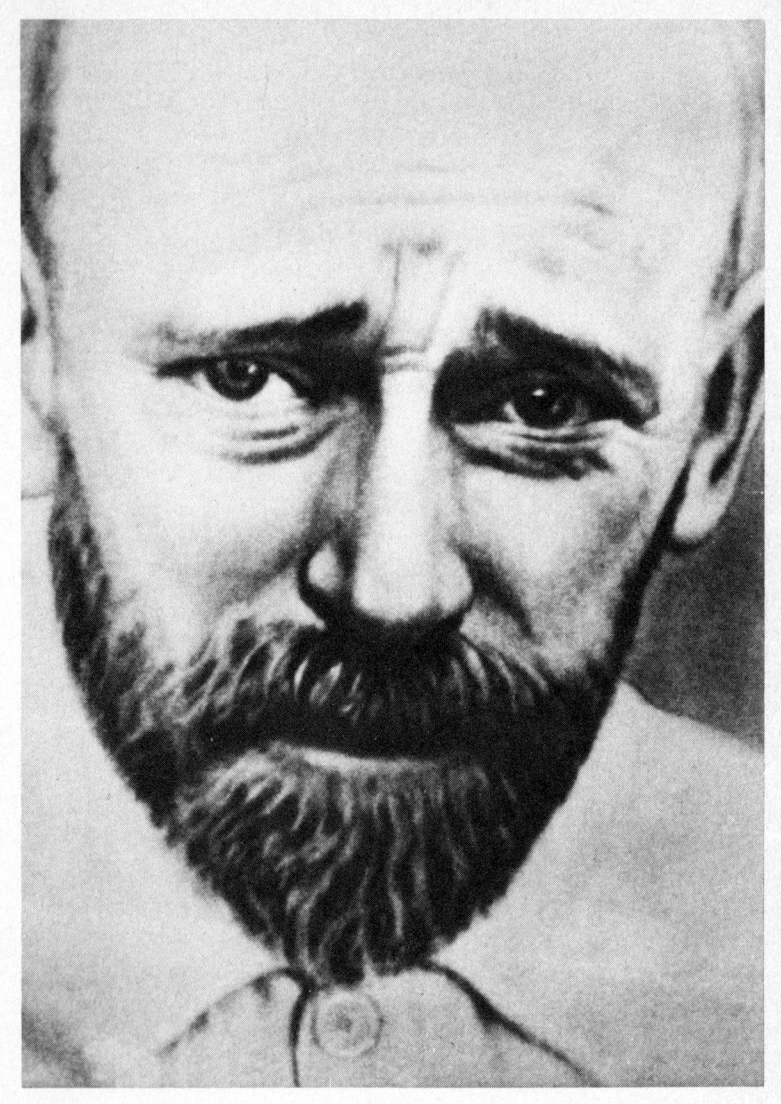

Vorbemerkung

«Immer mehr kommt unter uns daneben auf.
Man achte gerade auf kleine Dinge.»
(Ernst Bloch)

Was suchen wir, wenn wir das Leben eines Menschen nachzeichnen? –
Was suchen wir bei einem Mann wie Janusz Korczak, dem Kinderarzt,
Pädagogen, Schriftsteller und Leiter eines Warschauer Waisenhauses? –
«Immer mehr kommt unter uns daneben auf.» – Dieser Satz aus Ernst
Blochs «Spuren» ist als Motto der vorliegenden Lebensbeschreibung ge-
wählt worden. Ich verstehe ihn nicht nur als Ausdruck eines objektiven
Tatbestandes, sondern auch als methodische Anweisung, als Anweisung
zum genauen Hinsehen, als Anleitung für einen «mikrologischen Blick»
(Adorno), der unter der Oberfläche der Geschichte eine – man könnte
sagen: zweite, andere Geschichte zu entziffern sucht: Immer mehr
kommt unter uns auf, daneben zwar, zunächst noch kaum bemerkt und
nicht dafür geeignet, in die Annalen der Geschichte einzugehen. Doch es
ist da, unscheinbar zunächst und – wie das Leben Janusz Korczaks – oft
unterlegen und überrollt von den Ereignissen der «großen Politik». Sie ist
es, die zuerst ins Auge springt, den Kopf gefangen hält und in den ver-
zweifelten Zynismus treibt, der achselzuckend konstatiert, die Geschichte sei allemal nichts anderes als akkumulierende Gewalt. Auf den
ersten Blick besehen, ist sie das auch: Der Krieg ist, wie Heraklit gesagt
hat, der Vater aller Dinge. Im Schatten einer drohenden nuklearen Katastrophe und nach zwei Weltkriegen, die Europa verwüstet haben, wissen
wir, was das heißt.
Doch sträubt sich etwas gegen diese Einsicht, daß Geschichte nichts
anderes sei als das immer wiederkehrende Wechselspiel von Gewalt und
Gegengewalt, von Auf- und Nachrüstung und die gigantische Entfesse-
lung des Prinzips der Selbsterhaltung. Es ist nicht nur ein naiver Wunsch,
der gegen diese Einsicht protestiert. Die Geschichte selbst hat – mindestens – zwei Gesichter. Es gibt auch Spuren einer «anderen Geschichte»
(Sloterdijk), einer Geschichte, in der nicht getreten, geschlagen, kom-
mandiert, verschleppt, gemordet, exekutiert, vergast wurde. – Es mag
sein: Die Spuren sind dünn, und sie könnten sich – gemessen an den Er-

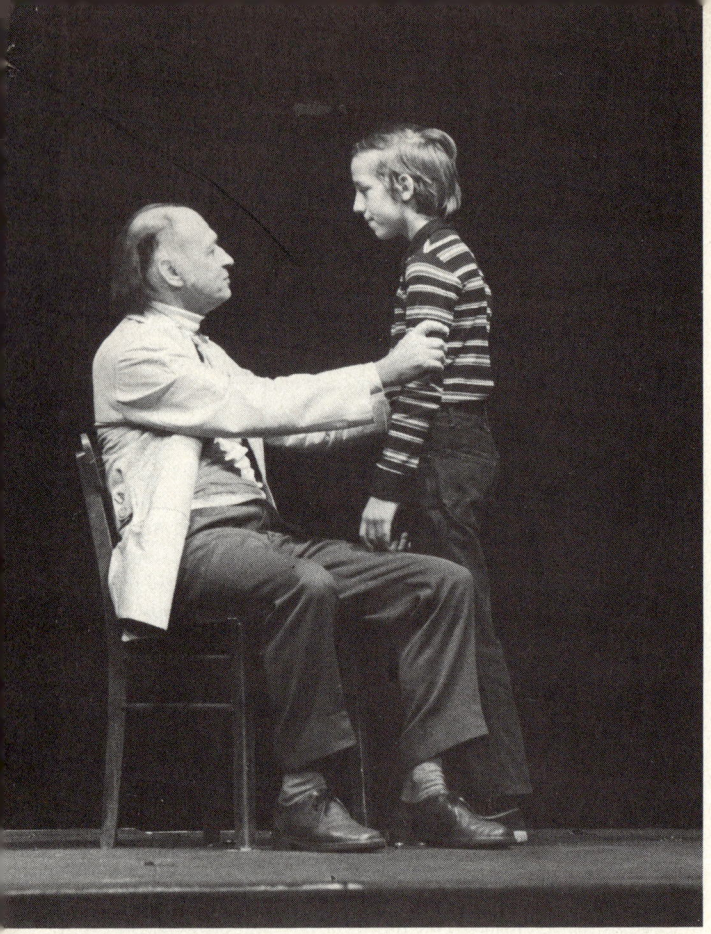

*Aus dem Theaterstück «Korczak und die Kinder» von Erwin Sylvanus,
Berliner Kammerspiele*

eignissen der «großen Politik» – als bedeutungslos, als Geschehen am
Rande und als faktisch unterlegen erweisen. Doch was unterlag und im
Mühlrad der Geschichte zerrieben wurde, ist noch längst nicht abgetan.
«Die Frage, ob die unterlegenen Kräfte nicht vielleicht edler und besser
waren, kann nicht durch den Hinweis auf die Tatsache abgetan werden,
daß nichts so erfolgreich ist wie der Erfolg»[1]*, heißt es bei Karl Löwith an
zentraler Stelle.

* Die hochgestellten Ziffern verweisen auf die Anmerkungen S. 138f.

Janusz Korczak ist schon lange keiner mehr am Rande. Das historische Interesse, das Geschichte von ihren Opfern her zu entziffern sucht, hat die eigentümliche Bedeutung dieses Mannes seit Jahren bemerkt. Seit 1979 gibt es eine internationale Janusz-Korczak-Vereinigung, und in einigen europäischen Ländern wurden nationale Korczak-Gesellschaften gegründet, die sich zur Aufgabe gesetzt haben, das hinterlassene umfangreiche Werk des polnischen Dichters, Arztes und Erziehers aufzuarbeiten und zu verbreiten. Schulen, Heimstätten, Kindergärten, Krankenhäuser und Internate tragen Korczaks Namen. Eine Flut von Büchern, Aufsätzen, Abhandlungen, Filmen, Radiosendungen und Fernsehbeiträgen ist in den letzten Jahren erschienen. Im Jahr des Kindes wurde der Name Korczaks in das Kalendarium der UNESCO aufgenommen. Briefmarken und Gedenkmünzen wurden herausgegeben, Kongresse veranstaltet, Dissertationen verfaßt. Mit anderen Worten: Die Spur, die Korczak hinterlassen hat, ist längst nicht mehr dünn. Am Anfang seiner Biographie gibt der Korczak-Forscher Erich Dauzenroth einen kurzen Überblick über die zu Korczak erschienene Literatur. Die Titel, die er dort aufführt, sind merkwürdig; eine Mischung aus Heiligenverehrung, moralischer Überhöhung und Heldengedenktag: «‹Pionier einer zeitgemäßen Erziehung›, ‹Der gute Mensch aus der Krochmalna›, ‹Vater fremder Kinder›, ‹Anwalt der Kinder›, ‹Lehrer und Märtyrer›, ‹Lehrer von Warschau und Treblinka›, ‹Champion of children›, ‹The child's best friend›, ‹Father of many›, ‹Der polnische Pestalozzi›, ‹Der Pestalozzi aus Warschau›, ‹Der Märtyrer›, ‹Der König ohne Glück›, ‹Symbol der Moral und der Religion für die Welt von heute›, ‹Europäische Botschaft für das Jahrhundert›, ‹Der traurige König›, ‹Trauriger Menschenfreund›, ‹Genialer Erzieher›, ‹Vorläufer progressiver Erziehung›, ‹Bleibender Mythos›, ‹Arztpädagoge des Herzens und der Vernunft›, ‹Der ewig Lebendige›, ‹Der Zauberer›, ‹Vater, Mutter, Freund›, ‹Verkannter Pädagoge›, ‹Lehrer aus Berufung und Liebe›, ‹Pädagoge der Realität und des Traumes›, ‹Unser Heiliger›.»[2] Das sind, wie Erich Dauzenroth zu Recht kritisch einwendet, R a h m e n , Rahmen, die «einsperren ... was sich für den Käfig nicht eignet»[3]. Man kann diese Titel auch als erste Versuche verstehen, die dem Leben eines Menschen Ausdruck verleihen möchten, das – vorläufig gesagt – schon sehr ungewöhnlich war. Es fehlt vielleicht noch die Sprache, um das Ungewöhnliche ohne Überhöhung, ohne moralische Superlative und ohne naives Pathos auszudrücken. Der Heiligenschein ist obsolet, nicht nur, weil er trügen kann, sondern weil er das, was vielleicht wirklich gut war, auf den Sockel hebt, wo es nicht hingehört. Das Gute ist unscheinbar. Sein Ort ist das Labyrinth des Alltags. Dort wirkt es, unaufdringlich, alltäglich und selbstverständlich. – «Humanität», schrieb Theodor W. Adorno einmal, «trumpft nicht auf.»[4]

Kindheit und Jugend

Ohne eine heitere und vollwertige Kindheit
verkümmert das ganze spätere Leben.
(Janusz Korczak)

In der Kindheit liegt fast alles beschlossen. In ihr werden, kaum daß es jemand merkt oder daß eine Absicht im Spiele wäre, die wichtigsten Weichen gestellt. Vieles ist noch unklar und verschwommen, und von einem Lebensweg kann noch lange nicht die Rede sein. Aber wie er einmal begangen wird, ob mit Lust oder mit Widerwillen, mit Selbstvertrauen oder mit Verzagtheit, wird in frühesten Kindertagen entschieden: beim Wickeln, beim Füttern, beim Zu-Bett-Bringen.

Einige Psychologen sprechen in diesem Zusammenhang von Urerfahrungen. Sie sagen, Urerfahrungen prägten das spätere Verhalten, Denken und Empfinden, sie entschieden mit darüber, ob und wie ein Mensch lieben kann, welchen Belastungen er standhält, wie groß sein Zutrauen zu sich und anderen ist, wie er die Dinge ansieht, mit denen er lebt, und ob er im Leben wohnen kann wie in einem altvertrauten Hause.

In den Lebensläufen ist die Kindheit jener Berg, von dem der Strom des Lebens seinen Anfang, seinen Anlauf und seine Richtung nimmt[5], schreibt Janusz Korczak nach langen Erfahrungen als Lehrer und Erzieher vieler Kinder. Das Bild, in dem Korczak spricht, macht deutlich, welches große Gewicht die Kindheit im Lebenslauf des einzelnen hat und welche große Bedeutung der Erziehung dabei zukommt. Die Erziehung entscheidet mit darüber, wie hoch der Berg ist, von dem der Strom des Lebens seinen Anfang nimmt und von welchen Quellen dieser Strom gespeist wird. An einer anderen Stelle heißt es: *Ohne eine heitere und vollwertige Kindheit verkümmert das ganze spätere Leben. Das Kind wird nicht erst Mensch, es ist schon einer.*[6] Protest und Bitte sprechen aus diesen Sätzen, Protest gegen die Kindheit als einem blinden und unverfügbaren Schicksal und die Bitte, den Kindern ein Leben zu ermöglichen, das sie frei atmen läßt. Korczak wußte sehr gut, daß Erziehung nicht alles vermag. Die These, der Mensch sei das Produkt seiner Erziehung, hielt er für eine pädagogische Allmachtsphantasie, und eine *heitere und vollwertige Kindheit* ist noch lange keine Garantie für ein entwickeltes und unverkümmertes Leben. Doch hat sich Korczak nie von der Zuversicht abbringen lassen, daß in einer lebendigen Kindheit der Reichtum des späteren Lebens liegt, den zu ermöglichen voll in der Verantwortung des Erziehers liegt.

Wie sah die Kindheit des Mannes aus, für den diese Lebensphase einen so hohen Stellenwert hatte?

Um dieser Frage nachgehen zu können, sind wir in erster Linie auf zwei Quellen verwiesen, auf Korczaks Tagebuch aus dem Jahre 1942 und auf die bereits 1949 erschienene Biographie von Hanna Mortkowicz-Olczakowa, der Tochter von Korczaks Verleger.

Zunächst einige Daten. Geboren wurde Korczak am 22. Juli 1878 oder 1879 in Warschau. Genau läßt sich das Geburtsjahr nicht mehr angeben, und Korczak wußte zeit seines Lebens nie, wie alt er eigentlich war. Kurz vor seinem Tod notiert er: *Morgen beende ich mein dreiundsechzigstes oder vierundsechzigstes Lebensjahr. Mein Vater hat sich jahrelang nicht um eine Geburtsurkunde für mich bemüht. Später hatte ich deswegen Schwierigkeiten. Mutter nannte das eine strafbare Nachlässigkeit: gerade als Rechtsanwalt hätte Vater die Sache mit der Geburtsurkunde nicht so verschleppen dürfen.*[7] Der Vater verschleppte nicht nur die Sache mit der Geburtsurkunde. Doch bevor von ihm ausführlicher die Rede sein soll, noch eine kleine Geschichte zum Namen. Korczak hieß von Hause aus Henryk Goldszmit. Wie er an den Namen Janusz Korczak kam, ist eine Kette von Zufällen und Mißverständnissen. Als junger Student nahm Korczak an einem literarischen Wettbewerb teil. Er reichte seinen Beitrag unter einem Pseudonym ein, als «Janasz Korczak». Der Name stammte aus einem Roman des polnischen Schriftstellers Kraszewski. Korczak gewann bei diesem Wettbewerb einen Preis, und als sein Name auf die Preisträgerliste kam, wurde aus Versehen «Janusz» statt «Janasz» gedruckt. An dieser Version hielt Korczak schließlich fest und veröffentlichte – unter anderem – unter diesem Pseudonym.

Aus den Erinnerungen Korczaks ist die Kindheit nur lückenhaft rekonstruierbar. Von der Mutter, Cecylia Goldszmit, wissen wir wenig, vom Vater Jósef nur einige Bruchstücke, und so können wir uns nur ein grobes Bild von der familiären Situation machen. Nicht einmal Photographien existieren von den Eltern, geschweige denn Briefe oder andere persönliche Dokumente. 1945, am Ende des Zweiten Weltkrieges, war Warschau ein Trümmerfeld, und das Getto, in dem Korczak die letzten Jahre seines Lebens verbringen mußte, war dem Erdboden gleichgemacht. Kein Stein stand dort mehr auf dem anderen, und damals ging fast alles verloren, was uns genauere Aufschlüsse über Korczaks Herkunft geben könnte. Soviel jedenfalls können wir sagen: Die Goldszmits waren eine angesehene Familie; sie lebten nicht auf großem Fuß, aber immerhin besaßen sie genug, um gut leben zu können und darüber hinaus ein wenig zu repräsentieren: ein geräumiges Haus, einen Namen in der Stadt, Dienst-

leute, hin und wieder eine Abendgesellschaft. Mit anderen Worten, Korczak wuchs in einem von materiellen Sorgen weitgehend entlasteten Klima auf. Hören wir Hanna Mortkowicz, die erste Biographin: «Die Kinderjahre, die Atmosphäre zu Hause, die Erziehung tragen in Kultur und Sitte den Siegel des Polnischen. Die polnische Gouvernante, die Köchin Katarzyna, das Kindermädchen, der Vater, der seinen Sohn in der Weihnachtszeit zu Weihnachtsspielen und zur Krippe führte . . . all das liefert ein beredtes Zeugnis dafür.»[8] Ein «beredtes Zeugnis» wofür? – Hanna Mortkowicz

*Hawdala-Zeremonie
bei polnischen Juden, 1906*

meint: für die polnische Atmosphäre im Hause der Goldszmits und für die patriotische Gesinnung des Vaters, die sich auf den Sohn übertragen habe. Und das ist durchaus richtig: Korczak empfand Polen als seine Heimat, zumindest die meiste Zeit seines Lebens, und noch als alter Mann schwärmte er von Warschau, seiner geliebten Heimatstadt: *... ich habe ein brennendes Heimweh nach Warschau, wenn ich fern von ihm bin. Warschau ist mein und ich bin sein ... Warschau war mein Boden – die Werkstätte meiner Arbeit, hier bin ich daheim, hier sind meine Toten begraben.*[9]

Ebenso prägend für Korczaks Lebensweg war seine jüdische Herkunft. Die Familie stammte aus Hrubieszów, einem kleinen Städtchen in der Nähe von Lublin. Dort, in der östlichen Provinz – sie stand damals unter zaristischer Herrschaft –, war der Einfluß der jüdischen Aufklärungsbewegung, der haskalah (Aufklärung), sehr stark gewesen. Die Anhänger dieser Bewegung strebten bewußt nach Anschluß an die Kultur des Gastlandes, und die radikale Strömung tendierte zur vollständigen Assimilation, was die haskalah in scharfen Gegensatz zur Orthodoxie brachte. Vor allem die Intellektuellen entfremdeten sich immer mehr vom althergebrachten Glauben. Die Goldszmits schienen dem gemäßigteren Teil der haskalah anzugehören. Zwar plädierten auch sie für die Erziehung und Bildung ihrer Kinder in polnischen Schulen und für die Auflösung des kulturellen Separatismus zwischen Polen und Juden, was vom orthodoxen Standpunkt aus schon als Affront und als Religionsfeindlichkeit empfunden wurde. Doch die jüdische Identität wollten sie damit nicht preisgeben. «Es steht», schreibt der neunzehnjährige Jósef Goldszmit, «in unserer Macht, die Hindernisse zu überwinden, die uns von unseren orthodoxen Brüdern trennen, und zwar durch strenge Beachtung der religiösen Verpflichtungen, um das Mißverständnis, das bei vielen Orthodoxen herrscht, zu zerstören, Erziehung sei gegen Religion gerichtet.»[10] Inwieweit diese Bemerkung aus Überzeugung kam und was an ihr Zugeständnis war, ist heute schwer zu sagen. Streng jedenfalls nahm es Vater Jósef mit seinen religiösen Verpflichtungen nicht. Und trotzdem: Sein Leben lang beschäftigte er sich mit der Tradition seines Volkes und verfaßte eine Reihe von Biographien jüdischer Gelehrter. Ob er wirklich assimiliert war, wie Hanna Mortkowicz nahelegen will, ist sehr zweifelhaft.

In seinem Tagebuch erzählt Korczak von einem Kindheitserlebnis, das ihm seine jüdische Herkunft zum erstenmal zu Bewußtsein brachte: *Ich war damals fünf Jahre alt, und das Problem war unglaublich schwer: was war zu tun, damit es die schmutzigen, verwahrlosten und hungrigen Kinder nicht mehr gab, mit denen ich auf dem Hof nicht spielen durfte; auf demselben Hinterhof, wo unter dem Kastanienbaum – in Watte gebettet – in einer metallenen Bonbondose mein erster geliebter, mir nahestehender Toter begraben lag, wenn es auch nur ein Kanarienvogel war. Sein Tod warf die geheimnisvolle Frage nach dem Bekenntnis auf. Ich wollte ein Kreuz auf seinem Grab errichten. Das Dienstmädchen sagte, das ginge nicht, weil es nur ein Vogel sei, also etwas weit Niedrigeres als ein Mensch. Sogar um ihn zu weinen sei Sünde. Soweit das Dienstmädchen. Und noch schlimmer war, daß der Sohn des Hausverwalters feststellte, der Kanarienvogel sei Jude gewesen. Ich auch. Ich bin auch Jude, und er – Pole und Katholik. Er würde ins Paradies kommen, ich dagegen, wenn ich keine häßlichen Ausdrücke gebrauchen und ihm immer folgsam im Haus stibitzten Zucker mitbringen würde, käme nach dem Tode zwar nicht gerade in die Hölle, aber irgendwohin, wo es ganz dunkel sei. Und ich hatte Angst in einem dunklen*

Korczak als Kind

Zimmer. Tod – Jude – Hölle. Das schwarze jüdische Paradies. Es gab genug Grund zum Grübeln.[11] Eine im Grunde ganz harmlose Geschichte, an die sich Korczak hier erinnert, denn dieses Erlebnis blieb Episode, und erst unter dem zunehmenden Druck des Antisemitismus in den dreißiger Jahren nahm Korczak seine jüdische Herkunft richtig wahr.

Ein bekanntes Bild, das Korczak mit einem kleinen Vorwort seinem Kinderroman *König Hänschen* vorangestellt hat, zeigt ihn als etwa neunjährigen Jungen: Das Kind sitzt auf einem Schemel; fein gekleidet in eine bis zum Hals geschlossene Tuchjacke; über der Jacke ein weißer Kragen mit einer dunklen Schleife; weiche, fast mädchenhafte Gesichtszüge; auffällig die starken Augenbrauen und die großen, ins Weite blickenden Augen. Man denkt an das Salonkind, das Korczak in seinem frühen, mit autobiographischen Zügen durchsetzten Roman porträtiert hat. Man denkt an gute bürgerliche Verhältnisse, an Wohlstand, an freundliche Atmosphäre und an ein sensibles und behütetes Kind. Korczak schreibt über diese Zeit: *Wenn ich mein Leben an mir vorüberziehen lasse, so hat mir das siebente Jahr das Gefühl gegeben, jemand zu sein. Ich bin. Ich habe mein Gewicht. Ich bedeute etwas. Ich werde wahrgenommen. Ich kann. Ich werde.*[12] Sind das Zeichen einer heiteren und vollwertigen Kindheit? – Ein erwachendes Selbstgefühl; das Bewußtsein, anerkannt und wahrgenommen zu werden, Zutrauen in die eigenen Möglichkeiten zu haben? – Es scheint so, als habe Korczak tatsächlich Glück mit seiner Kindheit gehabt.

Der Vater war ein in Warschau geschätzter Rechtsanwalt. Nach seinem Studium verließ er das Provinzstädtchen Hrubieszów, hielt sich kurze Zeit in Lublin auf und siedelte schließlich in die Hauptstadt über. Dort gründete er eine Kanzlei, und nachdem er sich etabliert hatte, heiratete er Cecylia Gębicka. Zwei Kinder gingen aus dieser Ehe hervor: Henryk und Anna. Der Vater war als Rechtsanwalt erfolgreich, und mit seiner Arbeit konnte er sich und seiner Familie ein gutes Auskommen sichern. Aber er hatte eine Leidenschaft, der er nicht widerstehen konnte: Er versuchte sich als Glücksspieler, und seine Spielsucht führte ihn schließlich in den Ruin. In Korczaks Erinnerungen spielt der Vater eine – man möchte fast sagen: zwielichtige Rolle. Offensichtlich hatte er eine starke emotionale Zuneigung zu seinen Kindern, die diese entsprechend beantworteten. Aber zur Ambivalenz der Gefühle im Verhältnis zum Vater gehörten auch Beklemmung und Scheu, wie noch aus den Erinnerungen deutlich herauszuhören ist: *Mit Recht vertraute Mutter die Kinder nur ungern der väterlichen Fürsorge an, und mit Recht begrüßten wir – meine Schwester und ich – mit einem Schauder des Entzückens und freudiger Begeisterung selbst die anstrengendsten, ermüdenden, mißlungenen und in ihren Folgen beweinenswerten ‹Vergnügungen› und behielten sie in der Erinnerung, die dieser nicht allzu ausgeglichene Pädagoge mit einer eigentümlichen Intuition ausfindig machte – unser Vater. Trotz härtester Verurteilung durch die Mutter und die Großmutter zog er uns an den Ohren, daß es weh tat.*[13]

Im Wesen des Vaters lag offensichtlich etwas Anziehendes und Unberechenbares, und man wüßte gerne mehr über ihn. Aber die Erinnerungen Korczaks bleiben spärlich. Viel mehr als dieses Erinnerungsfragment haben wir nicht über ihn. Genau jedoch wissen wir, daß er an periodisch wiederkehrenden Depressionen litt und mehrmals in eine psychiatrische Klinik eingeliefert wurde. Als sein Zustand sich verschlimmert, kommt er für längere Zeit in die Klinik von Tworki. Dort stirbt er einige Monate nach seiner Einlieferung.

Nach dem Tod des Vaters änderte sich schlagartig das Leben der Familie, für die sich jetzt erst herausstellte, daß der Vater das ganze Vermögen verspielt hatte. Es blieb der Mutter nichts anderes übrig, als die gewohnten Lebensverhältnisse aufzugeben und mit Henryk und Anna in eine billige Mietwohnung zu ziehen. Von nun an bestimmten Not, Entbehrung und das deprimierende Gefühl, soziale Absteiger zu sein, das familiäre Klima. Henryk – er ist damals siebzehn Jahre alt – lernt nun die Seite des Lebens kennen, vor der ihn die Eltern immer sorgfältig abschirmten. Er erteilt Nachhilfeunterricht, um den spärlichen Unterhalt der Familie aufzubessern. Er sucht sich Gelegenheitsarbeiten und hat wenig Zeit für die Schule.

Die Schule – das ist fast ein Kapitel für sich, ein trübes Kapitel, denn die Zeit auf dem humanistischen Gymnasium in Warschau war alles andere als angenehm. Der Unterricht fand in russischer Sprache statt. Warschau gehörte zum Zarenreich, und die wichtigsten öffentlichen Bereiche waren fest in der Hand russischer Beamter. Nach den Berichten Korczaks und vieler seiner Zeitgenossen waren die Schulen eher mit Kadettenanstalten vergleichbar. Die Prügelstrafe stand noch auf der Tagesordnung, und es herrschte ein Ton, der mehr auf Abrichtung zielte als auf vernünftige Bildung: «Die Lehrmethoden der Zeit, das stumpfsinnige Einpauken und Abfragen, der Kasernenhofton, die Prügelstrafe und über allem die tristen Schulgebäude mußten das Gemüt eines phantasievollen Kindes besonders belasten.»[14]

Welchen bleibenden Eindruck die Schule bei Korczak hinterlassen hat, vermittelt eine Passage aus der späten Erzählung *Wenn ich wieder klein bin*. Der Held der Geschichte ist ein Lehrer, der – auf eigenen Wunsch – von einem Zwerg in seine Kindheit zurückverzaubert wird. Die Schule spielt in dieser Geschichte eine vorherrschende Rolle. In einer Zeichenstunde fordert die Lehrerin die Kinder auf, ein Bild zu malen, und der verzauberte Junge malt Szenen aus dem Schulleben, wie er es von früher her in Erinnerung hat: *Ich teilte die Seite in drei Teile ein. Das Mittelstück stellt die Pause dar: die Jungen rennen herum; einer aber hat etwas ausgefressen, denn der Lehrer zieht ihn am Ohr, während er sich loszureißen versucht und weint. Doch der Lehrer hält ihn am Ohr fest und zieht ihm mit einer Art Peitsche eins über den Rücken. Der Junge hob das Bein in die Höhe, so als hinge er in der Luft. Die anderen sehen zu: sie ließen ihre Köpfe hängen und sagen nichts, weil sie Angst haben.*

Das war in der Mitte.

Rechts hatte ich eine Klasse gezeichnet: der Lehrer gibt einem Schüler mit dem Lineal eins auf die Finger. Nur ein Speichellecker aus der ersten Bank lacht darüber, die anderen haben Mitleid.

Links dagegen sieht man eine Bestrafung mit einer richtigen Rute. Ein Junge liegt auf der Bank. Hierbei wird er vom Hausmeister an den Beinen festgehalten. Der Schönschreiblehrer, ein Mann mit Bart, hob die Hand mit der Rute hoch.[15]

Korczaks Erlebnisse mit der Schule dürften ähnlich gewesen sein. Unvergeßlich für ihn war, als einer seiner Freunde geschlagen wurde. Noch Jahre später schreibt er im polemischen Ton gegen die Schulrealität seiner Zeit: *Unsere Schule ist eine Kaserne. Die Kinder machen wir mit Uhren in der Hand zu Mannequins, wir gleichen ihre Charaktere an, ordnen ihre Initiative aus. Wir haben die Kinder numeriert, haben eine mit Tausenden von Gesetzen, Verordnungen und Anordnungen dem Gefängnis ähnliche Disziplin eingeführt. Wir führen mit ihnen kluge Reden, die zum sophistischen Verständnis beitragen sollen. Die Kinder bekommen fast keine Luft in diesem brutalen, kalten, künstlichen Leben, das ohne jegliche Illusion und Poesie ist.*[16] Aus diesem heftigen Protest des jungen Erziehers Korczak sprechen noch die eigenen Erfahrungen, und sie bildeten später den Hintergrund für die Gegenimpulse seines eigenen praktizierten Verständnisses von Erziehung.

Die unbeschwerte Kindheit, in der Korczak das Glück hatte, ein stabiles Selbstbewußtsein zu entwickeln, helfen ihm über die depressiven Phasen dieser Zeit hinweg. Zur Stimmung dieser Jahre gehört auch die Angst, vom Vater her erblich belastet zu sein: *Ich hatte panische Angst vor der Irrenanstalt, in die mein Vater ein paarmal eingewiesen worden war. Ich – der Sohn eines Wahnsinnigen. Also erblich belastet. Jahrzehntelang, bis zum heutigen Tage, quält mich zuweilen der Gedanke daran.*[17] In diese Zeit fallen die ersten literarischen Versuche; Gedichte, kleine Geschichten, Romanfragmente: *Als ich siebzehn Jahre alt war, habe ich sogar einen Roman mit dem Titel «Selbstmord» angefangen. Der Held haßte das Leben aus Furcht vor dem Wahnsinn.*[18] Die wachsende Verantwortung für die Familie und seine Fähigkeit, sich ausdrücken und aussprechen zu können, bewahren ihn vor den einsamen Wegen der Selbstreflexion. *Ich bin nicht dazu da, um geliebt und bewundert zu werden, sondern um selbst zu wirken und zu lieben. Meine Umgebung ist nicht verpflichtet, mir zu helfen, sondern ich habe die Pflicht, mich um die Welt, um den Menschen zu kümmern*[19], schreibt der Vierundsechzigjährige. Diese Einsicht sei damals, am Ende der Schulzeit, in ihm wach geworden. Ob die Erinnerung verklärt? – An anderer Stelle heißt es: *Wenn wir uns erinnern, lügen wir unbewußt.*[20]

Es kann sein, daß Korczak schon als Jugendlicher so reif war, um tatsächlich den Gedanken zu fassen, es komme vielleicht gar nicht so sehr auf erfahrene Liebe an, sondern – was mein Leben und meine Möglichkeiten betrifft – auf die wache Bereitschaft zur Liebe. Es kann sein.

Wir wissen zuwenig, und nur zögernd wollen wir Schlüsse aus dem bekannten biographischen Material ziehen. Skeptisch gegenüber dem Material kommen wir Korczak vielleicht am nächsten, denn das Material legt fest und verleitet zu eindeutigen Bildern.

Die Erinnerung an einen Menschen wird vielleicht am besten bewahrt, wenn die Konturen fließend bleiben. Nur so gewinnt die Phantasie Spielraum, und man kann sich alles, was einem Menschen in seiner Lebensgeschichte widerfahren ist, auch anders vorstellen. Max Frisch sagte einmal, es sei Ausdruck der Lieblosigkeit, einen Menschen auf bestimmte Erfahrungen, bestimmte Eigenschaften und bestimmte Charakterzüge zu reduzieren. Liebe und Sympathie hingegen folgten einem einzigen Imperativ, dem Bildverbot: «Du sollst dir kein Bildnis machen.» Natürlich machen wir uns fortwährend Bilder, von uns selbst und von anderen, so wie hier ein erstes Bild von Korczak versucht wurde: Korczak als Kind. Gefährlich wird es, wenn die Bilder, die wir machen, zu Festschreibungen werden.

Studium

1898 beginnt Korczak mit dem medizinischen Studium an der Universität Warschau, das er 1904 mit einer Promotion abschließt. Nach dem Abitur schwankte er in seinen Berufsplänen. Medizin lag nahe. In der Schulzeit konnte er seine naturwissenschaftliche Begabung entwickeln, und in der Familie Goldszmit gab es schon eine kleine Tradition des ärztlichen Berufes: Der Großvater war Arzt am jüdischen Krankenhaus in Hrubieszów gewesen. Gleichzeitig spürte Korczak eine starke Neigung zur Literatur. Bereits 1896, also noch in der Schülerzeit, erscheinen seine ersten Artikel in der Zeitschrift «Kolce» (Stacheln), für die er in den folgenden Jahren regelmäßig schreibt. Er arbeitet an einem Theaterstück, das er 1898 unter dem Titel «Którędy?» (Wo entlang?) bei einem literarischen Wettbewerb vorlegt. Bei diesem Wettbewerb ereignete sich die Geschichte mit dem Pseudonym, von der wir schon berichtet haben. Der Text dieses Theaterstücks ist verlorengegangen, es existiert nur eine knappe Zusammenfassung im Bericht der literarischen Jury des Wettbewerbs.

Nach einigem Zögern entscheidet sich Korczak für das Medizinstudium, was wohl die klügere Alternative war. Sicher fühlte er sich in seiner journalistischen Tätigkeit noch lange nicht. Die kleinen Publikationen machten Mut, und daß Aleksander Pajewski, der Herausgeber der Zeitschrift «Kolce», die Artikel des jungen Korczak immer wieder annahm, war ein gutes Zeichen. Pajewski übertrug ihm schließlich die Kolumne seiner Zeitschrift, die Korczak regelmäßig mit Artikeln versorgte. Er veröffentlichte damals unter mehreren Pseudonymen. Bekannt und entschlüsselt sind die Pseudonyme «Hen», «Janusz», «Hen-Ryk», «Janusz K.».

Während der Studienjahre beginnt Korczak mit intensiver und dauerhafter Sozialarbeit. Ihn empört das sichtbare Elend der verwahrlosten Kinder aus unterprivilegierten Schichten. *Solange wir nicht allen Menschen Brot und ein Dach über dem Kopf geben, dazu die Möglichkeit, sich geistig zu vervollkommnen, solange dürfen wir uns nicht der Täuschung hingeben, wir verdienten den Namen ‹Menschliche Gesellschaft›*[21], schreibt er in einem Artikel für die Wochenzeitschrift «Społeczeństwo» (Die Gesellschaft). Das war eindeutig und klar: Das Elend war ein Skandal neben dem privat angehäuften Reichtum, und Korczak nahm dazu entschieden Stellung.

Gleich zu Beginn seines Studiums tritt er einem Warschauer Wohltätigkeitsverein bei, einer von privaten Spenden und vom Engagement ihrer Mitglieder getragenen Vereinigung, die sich zur Aufgabe gestellt hatte, wenigstens die krassen Formen des großstädtischen Elends zu mildern. Mit Stefania Sempołowska und Helena Bobińska, zwei in der sozialistischen Bewegung Polens führenden Frauen, leitet er eine öffentliche Bücherei und erteilt in einer von Stefania Sempołowska für die ärmsten und verwahrlosten Kinder Warschaus organisierten Schule Unterricht.

Nebenbei arbeitet Korczak weiter als Publizist und finanziert so sein Medizinstudium. Der Kreis der Zeitschriften, für die er schreibt, hat sich beträchtlich erweitert. In der Publikationsliste bis zum Jahre 1904 sind immerhin 280 Titel aufgeführt. Meist handelt es sich um kleine Aufsätze, Notizen, Satiren, Kurzgeschichten, Glossen und Anekdoten zu tagesaktuellen Problemen. 1901 erscheint Korczaks erster Roman *Die Kinder der Straße*, ein sozialkritisches Werk, in dem Korczak das Leben der verwahrlosten Kinder beschreibt, wie er es aus eigener Erfahrung kannte. Das Gefälle zwischen Armut und Reichtum war damals deutlich sichtbar, und von intakter sozialer Fürsorge konnte noch lange nicht die Rede sein.

Drei Jahre später erscheint ein weiterer Roman, sozusagen das Gegenstück zum Erstling: *Das Kind des Salons*. Zu dieser Zeit hatte sich Korczak einer Gruppe von Journalisten und Intellektuellen angeschlossen, die für die Zeitschrift «Głos» (Die Stimme), eine von Jan Władysław Dawid herausgegebene, linksorientierte Wochenzeitschrift, arbeiteten. Hier erschien wöchentlich eine Folge des neuen Romans, der damals großen Anklang fand. Dazu eine Passage aus den Erinnerungen von Helena Bobińska, die damals zu Korczaks Freundeskreis gehörte: «Im Winter 1902 gab ich sonnabends und sonntags Bücher in der kostenlosen Ausleihe in der Ciepłastraße aus. Mit mir zusammen verlieh auch ein Medizinstudent im letzten Studienjahr Bücher – Henryk Goldszmit, ein Blonder mit rötlichem Bart, freundlichem Lächeln und klugem Blick ... Samstag abends platzte die Bücherei geradezu unter dem stürmischen Andrang der Halbwüchsigen. Henryk Goldszmit wurde, ohne auch nur die Stimme zu heben, auf bewundernswerte Weise Herr dieser Elementargewalt. Es schien, als kenne er jeden der Jungen schon seit langem und wisse genau über ihn Bescheid. Seine Dialoge mit diesen Warschauer Straßenjungen waren einzigartig, unwiederholbar. Damals kam es mir nicht in den Sinn, sie niederzuschreiben. Ich selbst erlag dem Zauber dieses ungewöhnlichen Pädagogen. Samstag mittags versammelte Henryk Goldszmit in seinem Zimmer in der Chłodnastraße (das Zimmer lag im Parterre, zum Hof hin) eine Schar von Kindern aus mehreren Höfen um sich und veranstaltete Spiele. Ich half ihm dabei. 1904 begann die ‹Głos› den Roman *Das Salonkind* von Janusz Korczak zu drucken. Ungeduldig warteten wir jedesmal auf die Fortsetzung. *Das Salonkind* gehörte seinerzeit zur revolutionären Literatur. Korczaks Roman sagte der alten, verlogenen Welt des Geldes den Kampf an ... Erst viel später erfuhren wir, daß sich hinter dem Pseudonym Janusz Korczak der bescheidene Dr. Goldszmit verbarg, und daß das *Salonkind* seine eigene Biographie war.»[22] Am Schicksal eines Jungen, dem Salonkind, entwirft Korczak in seinem Roman ein Bild seiner Zeit in ihren gegensätzlichen Ausformungen: die Welt des städtischen Proletariats, die Atmosphäre der bürgerlichen Salons, das durcheinandergeratene Leben der intellektuellen Jugend. Deutlich spürt man den Einfluß von Bolesław Prus, dem wohl bedeutendsten polnischen Schriftsteller seiner Zeit, den Korczak sehr schätzte. Der Roman ist heute vergessen, und Korczak selbst schien ein nicht ganz ungebrochenes Verhältnis zu seinem frühen Werk gehabt zu haben. Immer wieder setzte er sich nach der ersten Veröffentlichung an das Manuskript, korrigierte, strich ganze Passagen und fügte Neues hinzu. Zwei Jahre nach dem Vorabdruck in der «Głos» erschien der Roman als Buch. Korczaks Ruf als Schriftsteller war gefestigt.

Das alte Warschau

Im Sommer 1901 unternimmt Korczak seine erste Auslandsreise. Sein Ziel ist Zürich, und dort möchte er etwas über Pestalozzi in Erfahrung bringen, mit dessen Werken er sich zu Beginn seines Studiums beschäftigt.

Wir sind über die Reise nur dürftig informiert. In Korczaks Erinnerungen wird sie nicht mehr erwähnt, und die einzige Quelle, die über die Reise informiert, ist ein Bericht des Biologen Witold Gadzikiewicz, mit dem Korczak befreundet war und der damals in Zürich studierte.

In dieser Zeit der Studentenjahre macht Korczak die ersten wichtigen politischen Erfahrungen. Ein Erlebnis, von dem er später oft erzählte, fällt in das Jahr 1899. Damals veröffentlichte kurz vor Weihnachten die nationalistische Zeitschrift «Rola» (Der Acker) einen Artikel über die Arbeit der unentgeltlichen Büchereien und beschuldigte die Initiatoren des Atheismus und der Verbreitung revolutionärer Ideen. Die zaristische Polizei schloß darauf die Büchereien vorübergehend und nahm einige der Initiatoren fest, darunter Stefania Sempołowska und den Warschauer So-

Józef Piłsudski

Bolesław Prus

ziologen Ludwick Krzywicki. Igor Newerly, der spätere Mitarbeiter und Freund Korczaks, berichtet von einem Besuch, den Korczak bei Krzywicki im Gefängnis abstattete: «Krzywicki benimmt sich in seiner Zelle so wie bei sich zu Hause, als wäre er um des lieben Friedens willen mit seiner ganzen Werkstatt hierher umgezogen. Er liest, macht sich Notizen, eine Unmenge von Notizen, Aufstellungen, statistischen Tabellen. Auf dem Boden kniend, zeichnet er eine Karte der Wanderung irgendeines ‹kleinen Völkchens› ... Der Friede eines Weisen in Haft ...»[23] Korczak imponierte dieser Stoizismus seines Freundes, ein Stoizismus, der dem Druck der Gewalt ruhig widersteht und der – soweit die Umstände es auch nur erlauben – an den gewohnten Lebensformen festhält. Es war eine neue Form des politischen Widerstands, die hier aufkam und Menschen wie Korczak schon einleuchtete: Widerstand unter striktem Verzicht auf Gewalt.

In dieser Zeit verschärfte sich das politische Klima in Warschau zunehmend. Die forciert betriebene Russifizierung des Landes steigerte nur den polnischen Widerstand. Die nationale Identität Polens konnte durch Gewaltakte nicht aufgelöst werden. Im Gegenteil: Die Gewaltakte provozierten neue Abwehrkräfte. Unter Piłsudski, dem Führer des polnischen Widerstands und späteren Staatschef – Korczak kannte ihn gut,

25

Kinder in Warschau, 1906

denn Piłsudskis Frau war Mitglied im Verein «Hilfe für Waisen» –, entstehen kleine Kampfverbände. Im November 1904 kommt es zu einer großen Demonstration in Warschau, bei der zum erstenmal in der Geschichte des geteilten Polens eine bewaffnete Kampfgruppe gegen die Polizei auftritt. Die Legende erzählt, Korczak habe damals mitten im Geschehen gestanden und auf der Straße verletzte Demonstranten verbunden. Wie dem auch sei: Legende und Wirklichkeit sind – nicht nur hier – schwer auseinanderzuhalten. Die Lebensgeschichte Korczaks, wie sie seit vierzig Jahren beschrieben und erzählt wird, steckt voller Legenden und legendärer Zutaten.

Während dieser Ereignisse schließt Korczak sein medizinisches Studium ab. Bereits als Student übernimmt er eine Stelle als Arzt an der

Baumann-Berson-Kinderklinik in der Śliskastraße. Doch bevor wir einem neuen Faden in Korczaks Leben nachgehen, der vor allem mit dem sich nun öffnenden Berufsfeld zu tun haben wird, noch eine Bemerkung zur Politik.

Parteipolitisch hat sich Korczak nie festgelegt, so nahe das damals gelegen haben mag. Seine Sympathie für die polnische Linke blieb – parteipolitisch gesehen – ohne Folgen, und es fehlte ihm in der Tat ein «eindeutiger ideologischer Kompaß», wie der polnische Biograph Marek Jaworski bemerkte.[24] Eine Reihe von Fragen drängt sich auf: War Korczak zu klug, um sich ungebrochen in den Schoß einer Partei zu begeben? – War er vielleicht zu mißtrauisch gegenüber den großen Befreiungsbewegungen seiner Zeit? – Ahnte er, daß diese Bewegungen den einzelnen nicht unbedingt das versprochene Glück und die ersehnte Freiheit bescheren sollten, und daß die Mühle der Revolution unerbittlich ihre Opfer forderte? – Jahrzehnte später noch diskutierte Korczak diese Fragen mit seinen Studenten. In einer Diskussion soll er einmal an einen Parteigänger die Frage gerichtet haben: «Wie ist das nun? Wann werdet ihr denn mich aufhängen? Zwei oder drei Tage nach dem Sieg?»[25] So sehr Korczak sich für soziale Fragen interessierte und als Student aktiv in der von Privatleuten organisierten Sozialarbeit mitwirkte, so sehr ihn das Unrecht, das in einer Großstadt wie Warschau offen zu Tage trat, empörte, er blieb politisch ein Einzelgänger.

Der Russisch-Japanische Krieg brachte die erste Unterbrechung in Korczaks ärztlicher Tätigkeit. Korczak wurde eingezogen – als Untertan des russischen Zaren. Die Kriegsereignisse verschlagen ihn bis in die Mandschurei. An den Evakuierungspunkten in Charbin und Taolaj-džou versorgt er Kranke und Verwundete und kommt mit einem Sanitätszug von Charbin nach Chabarovsk. Wir wissen wenig über diese Monate in der fremden Welt. Von den Briefen, die Korczak in die Heimat schickte, ist keiner mehr erhalten. Unverwundet kehrt er 1905 nach Warschau zurück und nimmt vorübergehend seine Tätigkeit als Arzt wieder auf. Zwei Jahre später, im Sommer 1907, unterbricht er wieder seine Arbeit, diesmal aus eigenen Stücken, um auf eine längere Auslandsreise zu gehen. Der Weg führt ihn zunächst nach Berlin.

Seit Berlin Hauptstadt des Deutschen Reiches war, hatte sich die Stadt in einem geradezu rasanten Tempo zu einer europäischen Metropole entwickelt. Aus aller Welt kamen Künstler, Intellektuelle und Wissenschaftler, um in Berlin zu leben und zu arbeiten. Vor allem die Berliner medizinische Forschung und Praxis genoß ein hohes Ansehen. «Die Berliner medizinische Schule», schreibt Bernd Graubner, «stand damals im Blickpunkt der Welt. Von überall strömten Studenten und Ärzte, um hier zu lernen; Aus- und Fortbildung blühten bis 1914 in einem später nicht wieder erreichten Maße. An der Berliner Medizinischen Fakultät, der größten des Deutschen Reiches, wirkten 72 Professoren und 118 Privatdozenten, von denen eine ganze Reihe ebenfalls den Professorentitel besaß. Über 1200 Studenten waren immatrikuliert.»[26] In den Erinnerungen von Fritz Munk heißt es: «Jedenfalls war das wissenschaftliche Leben nie und vielleicht damals nirgendwo anders unabhängiger und freier als im monarchistischen Berlin vor dem ersten Weltkriege.»[27]

Korczak hatte sich von dieser Atmosphäre anziehen lassen, zumal ihn schon lange das Gefühl beherrschte, mit seinen Studien noch lange nicht zu Ende zu sein, und so ist es nicht verwunderlich, daß Berlin die erste Station seiner Reise war, wo er sich fast ein ganzes Jahr aufhielt. Er besuchte Kurse, hospitierte in verschiedenen Kliniken, studierte die Einrichtungen einiger pädagogischer und psychiatrischer Anstalten und verfaßte ausführliche Protokolle seiner Erfahrungen, die später unter dem Titel *Eindrücke aus Berlin* veröffentlicht wurden. Von einem Berliner Erlebnis heißt es: *Wer sich nicht wenigstens eine Woche in einer Hilfsschule aufgehalten hat, wird nicht die Pracht eines gesunden, frischen, wertvollen, erhabenen, heiteren Gedankens beurteilen können, wird unfähig sein, vor dem Altar kindlicher Logik niederzuknien.*[28] Es mag sein, daß solche Sätze «nebulös und schwülstig-pathetisch» formuliert sind, wie der Biograph Bernd Graubner einmal meinte. Korczak schien weniger Skrupel gehabt zu haben. Jedenfalls fabulierte er oft frisch drauflos, und vermutlich war die Scheu vor Pathos, Schwulst und großartiger Geste seiner Ge-

Das Krankenhaus Charité in Berlin

Korczak in Uniform, um 1905

neration weniger stark im Bewußtsein verankert als uns Heutigen. Wie
dem auch sei: Sätze wie die obenzitierten sind mitunter überzeugender
und lebendiger als die einer Pädagogik im weißen Kittel, und sie lassen
etwas von der Nähe und Sympathie zum Kind ahnen, die immer das Herz-
stück einer lebendigen Pädagogik war. Auch ist der Gedanke durchaus
plausibel, daß man über «Normalität» etwas in Erfahrung bringen kann
und sie erst schätzen lernt auf dem Hintergrund pathologischer Anorma-
lität. Dazu noch eine weitere Passage aus den *Berliner Eindrücken*, in der
Korczak über ein Erlebnis während seines Besuches in einer Heimstätte
für geistig behinderte Kinder berichtet: *Diese benachteiligten Kinder bilden mitsamt ihren Familienangehörigen eine eigenartige, in sich geschlossene Welt.*
. . . Wie freuen sich die enterbten Eltern über Gedankensplitter, die ihren

Kindern verblieben sind, wie protestieren sie und wie verteidigen sie sich, wenn ihr Kind aus der Hilfsschule nach Dalldorf verlegt werden soll. «Es ist zwar unbegabt, aber doch kein Idiot.» . . . So viele tausend Kinder bewegen sich auf den Straßen. Alle sind sie normal, begabt, gesund. Ihre Eltern wissen gar nicht, wie froh sie darüber sein müßten. Ja, sie sind sogar unzufrieden, wenn ihr Kind keine Fortschritte in Musik oder in französischer Konversation macht. Unzufrieden, unvernünftig und sogar böse.

Würde jedes dieser Kinder nur einen winzigen Anteil seiner Gedanken meinem Kind überlassen, wie reich wäre es dann![29]

Für Korczak waren das wertvolle Erfahrungen, die ihm später dazu verhalfen, pädagogische Probleme mit normalen oder halbwegs normalen Kindern in einem relativierenden Licht zu sehen: Klein erscheinen die Sorgen von Eltern und Erziehern auf dem Erfahrungshintergrund mit chronischen Behinderungen. Korczak ging so weit, daß er später sagte: *Wer nicht in einer Schule für geistig behinderte, taubstumme oder blinde Kinder gelernt hat, Geduld und die Grundlagen der Didaktik zu üben, der wird niemals ein richtiger Lehrer werden können . . .*[30]

Nach dem Aufenthalt in Berlin unternahm Korczak in den folgenden Jahren noch eine Reise nach Paris und London. Nur dürftig sind wir darüber informiert. Vermutlich war Korczak nach der Berliner Zeit ein halbes Jahr in Paris und nur einige Wochen in England. Im zugänglichen Werk finden sich einige verstreute Erinnerungen an die Reisen ins Ausland. So heißt es in *Wie man ein Kind lieben soll*: *Das Krankenhaus in Berlin und die deutsche medizinische Literatur lehrten mich, darüber nachzudenken, was wir gesichert wissen, und langsam, systematisch vorgehen. Paris lehrte mich, darüber nachzusinnen, was wir nicht wissen, aber zu wissen verlangen, wissen müssen und werden. Berlin, das war ein Arbeitstag voller kleiner Sorgen und Bemühungen, Paris war der Feiertag des Morgens mit seinen faszinierenden Ahnungen, seiner machtvollen Hoffnung und seinem unerwarteten Triumph. Die Kraft des Wollens, den Schmerz des Nichtwissens und die Lust des Forschens schenkte mir Paris; die Technik der Vereinfachung, die Erfindungsgabe um die kleinen Dinge, die Ordnung der Details – das nahm ich aus Berlin mit.*[31] Noch vierzig Jahre später erinnerte sich Korczak genau an die Reise ins westliche Ausland. In einem eigenwilligen curriculum vitae, das er für das Personalbüro des Judenrates im Februar 1942 formulierte, um sich für die Leitung eines heruntergekommenen Waisenhauses im Getto zu bewerben, schreibt er: *Das Gymnasium und die Universität habe ich in Warschau absolviert und meine Ausbildung in Berliner Kliniken (ein Jahr) und in Paris (ein halbes Jahr) ergänzt. Ein vierwöchiger Abstecher nach London gewährte mir einen Einblick in das Wesen karitativer Arbeit (man hat lange Erfahrung dort).*

Meine Lehrmeister in der Medizin: die Professoren Przeworski (Anatomie und Bakteriologie), Nasonov (Zoologie), Ščerbakov (Psychiatrie)

und die Professoren für Pädiatrie: Finkelstein, Bagiński, Marfan und Huti-
nel (Berlin, Paris).

An freien Tagen Besuch von Waisenhäusern, Besserungsanstalten und
geschlossenen Anstalten für sogenannte verbrecherische Kinder.

Ein Monat in einer Schule für zurückgebliebene Kinder, weitere vier Wo-
chen in der neurologischen Klinik von Ziehan.

Meine Lehrmeister im Krankenhaus an der Śliska-Straße: der ironische
Nihilist Koral, der joviale Kramsztyk, der tiefsinnige Gantz, der glänzende
Diagnostiker Eliasberg, außerdem der Feldscher-Chirurg Sliżewski und
die aufopfernde Krankenpflegerin Łaja.[32] Stationen eines Studiums. –
Heute sagen uns die Namen nicht mehr viel. Aber für Korczak waren mit
ihnen Erlebnisse und Erfahrungen verbunden. Solide Wissenschaftler,
die er hier nennt, und erfahrene Praktiker der Medizin, im gigantischen
Betrieb der modernen Wissenschaften für ihn Vorbilder exakter Wissen-
schaftlichkeit, die Korczak ebenso schätzte wie den befreienden Zug der
Poesie.

Erste pädagogische Erfahrungen

> *Reich an Illusionen, arm an Erfahrung,*
> *sentimental und jung, glaubte ich, vieles*
> *schaffen zu können, weil ich viel erreichen*
> *wollte.*
>
> (Janusz Korczak)

Mit neuen Erfahrungen bereichert kehrt Korczak nach Warschau zurück. Er nimmt seine Arbeit als Arzt wieder auf, wieder in der Śliskastraße, in der von Eliasberg geführten Kinderklinik. Er verdient nicht schlecht und erwirbt sich bald den Ruf eines eigenwilligen Arztes. Die Menschen in seinem Stadtviertel sehen in ihm mehr einen unprofessionellen Philosophen, einen Lebensberater, der plaudern kann, leicht versteht und gut zuhört, ein Arzt, der mehr kann und tut, als Medizin zu verschreiben. Die Frage des Honorars – damals noch eine heikle Angelegenheit, die man nicht über die Krankenkasse abwickeln konnte – löst Korczak auf seine Art: *Die Straßen: Śliska, Pańska, Mariańska, Komitetowa. Erinnerungen, Erinnerungen, Erinnerungen.*

Jedes Haus, jeder Hof. Das hier waren meine Halbe-Rubel-Visiten meistens bei Nacht.

Für Konsultationen bei den reichen Leuten in den reichen Straßen bei Tag ließ ich mir drei und fünf Rubel zahlen. Eine Unverschämtheit – ebensoviel wie Anders, mehr als Kramsztyk, Baczkiewicz – wahre Professorenhonorare. Ich, ein gewöhnlicher Ortsarzt, ein Lückenbüßer, ein Aschenputtel des Berson'schen Krankenhauses.

Solch ein dicker Band Erinnerungen.

Jüdische Ärzte hatten keine christlichen Patienten, es sei denn, sie gehörten zu den bekannten Bewohnern vornehmer Straßen.

Diese aber – mit Stolz:

«Heute bin ich auf Visite beim Reviervorsteher, beim Restaurateur, beim Bankportier, beim Lehrer des Progymnasiums in Nowolipki, beim Postmeister.»

Das war schon etwas.

Bei mir aber Telefonanrufe, freilich nicht alle Tage: «Herr Doktor, Frau Gräfin Tarnowska bittet zum Apparat. Der Prokurator der Anwaltskammer. Frau Direktor Tygajło. Rechtsanwalt Makowski, Szyszkowski.» ...

Als Stationsarzt bekam ich eine Wohnung und zusätzlich zweihundert Rubel jährlich in vier Raten. Ein braves Mütterchen führte mir den Haushalt für fünfzehn Rubel. Aus meiner Praxis kamen einhundert Rubel im Monat, und mit Artikelschreiben verdiente ich auch noch ein paar Groschen ...

Die Kinder von Sozialisten, Lehrern, Journalisten, jungen Rechtsanwälten, sogar von Ärzten ... behandelte ich kostenlos.[33] Erinnerungssplitter des Vierundsechzigjährigen, Erinnerungen an eine Zeit des Erfolgs und des sozialen Aufstiegs, auf den Korczak offensichtlich stolz war. Er hatte es geschafft: ein gutes Einkommen, eine Wohnung, Ansehen, und wo er hinkam, wußte man: Doktor Goldszmit ist der Dichter, der sich Janusz Korczak nennt.

Diese Stellung gab Korczak auf, als er 1911 die Leitung eines neugegründeten Warschauer Waisenhauses übernahm. Über die Motive dieser Entscheidung ist viel spekuliert worden. – Warum tat er das? – Warum ausgerechnet die Leitung eines Waisenhauses, was ihn – unter anderem – in empfindliche finanzielle Abhängigkeit brachte? – War es sein «soziales Gewissen», wie der Biograph Hans Roos meinte, als er eine Parallele zog zu Albert Schweitzer, der ebenso wie Korczak seine Karriere als Arzt und Künstler aufgab, um sich im ärmsten Kontinent der Erde niederzulassen und dort unter primitivsten Verhältnissen zu praktizieren? – Wir stehen an einer biographischen Schlüsselstelle: Von hier ab ist nicht mehr oder nur in zweiter Linie vom Arzt Janusz Korczak die Rede, sondern vom Erzieher und Lehrer. Solche Schlüsselstellen werfen Fragen auf: Was nötigt etwa zu Entscheidungen, die ganze Lebensverhältnisse verändern? – Was motiviert dazu, die gewohnten Lebensverhältnisse – zumal wenn sie nicht schlecht sind – aufzugeben? – Oder – konkreter gefragt – was veranlaßte Korczak dazu, ausgerechnet Erzieher zu werden? – Roos' Antwort, es sei das «soziale Gewissen» gewesen, das Korczak zu seinem Entschluß motiviert habe, befriedigt nicht. Die Antwort ist zu einfach, zu eindeutig und – zu moralisch. Lebenspraktisch sind Entscheidungen nie oder selten eindeutig, und es wirken eine Fülle von Motiven, Erfahrungen und Interessen mit, bis es zu einer endgültigen Entscheidung kommt.

Was die Aufhellung dieser Motive betrifft, so sind wir auf tastende Vermutungen angewiesen. Es fehlt einschlägiges biographisches Material, zum Beispiel persönliche Briefe Korczaks aus dieser Zeit, die tiefere Einblicke in die Vielschichtigkeit der Persönlichkeit geben könnten. Vielleicht befriedigte Korczak die Arbeit im Krankenhaus tatsächlich nicht, wie einige Biographen vermuten. Vielleicht suchte er eine Aufgabe, die ihn in seinen Möglichkeiten stärker in Anspruch nahm. Vielleicht wurde er Erzieher, wie andere Menschen Musiker oder Maler werden, so daß man zu Recht von einem «Lebensthema» sprechen könnte, wie Edith Biewend es in ihrer Korczak-Biographie getan hat.[34] Und warum auch

nicht das «soziale Gewissen»? – Zumindest als ein Motiv unter anderen.
Nur gebietet die psychologische Skepsis, um die man gar nicht herum
kann, hier ein dosiertes Maß an Vorsicht.

Es war kein plötzlicher Entschluß Korczaks, die Stelle als Arzt aufzugeben. Eine Reihe von Erfahrungen ging voraus, die ihn mit pädagogischer
Tätigkeit stärker in Berührung brachten. Eine wichtige Rolle spielte

Korczak (dritter v. r.)
mit Kollegen, 1908

dabei sein Arztkollege Dr. Eliasberg. Eliasberg stammte aus einer wohlhabenden jüdischen Familie, die maßgeblich an der Organisation der «Warschauer Wohltätigkeitsgesellschaft» beteiligt war, in der Korczak schon während seiner Studentenzeit mitarbeitete. Um die Bedeutung dieser und ähnlicher auf privater Initiative beruhender Gesellschaften einschätzen zu können, muß man sich vergegenwärtigen, daß in Polen um die Jahrhundertwende ein staatlich organisiertes Wohlfahrtssystem nicht oder nur in rudimentären Ansätzen existierte.

Die «Warschauer Wohltätigkeitsgesellschaft» hatte schon zur Zeit Korczaks eine lange Tradition. Bekannt ist ein Statut dieser Gesellschaft aus dem Jahre 1822, in dem als Aufgabe und Zweck der Einrichtung festgelegt wird, daß notleidende Kinder «durch die Lehre der Religion, des Schreibens, des Lesens und des Rechnens dem Schoße der sozialen Not und der Verwahrlosung entrissen werden und ein Handwerk lernen sollen»[35]. Das ist die Sprache der karitativen Arbeit des 19. Jahrhunderts. Einige Zahlen verdeutlichen, in welchem Umfang die Gesellschaft tätig war: «In den Jahren 1908–1913 verfügte die Wohltätigkeitsgesellschaft über 47 Kindergärten oder Kinderkrippen, 11 Waisenhäuser, 17 Lehrwerkstätten, 23 Volks-Lesehallen sowie über eine Reihe von Volksküchen, Volksbädern, Hospitälern und Ambulatorien, Volkssparkassen und Büros für Arbeitsvermittlung; alle diese Anstalten standen untereinander in engen Beziehungen, ebenso aber auch mit dem dichten Netz von privaten Volks- und Oberschulen, die seit der Revolution von 1905 von den russischen Behörden wenigstens geduldet wurden und nicht mehr im Untergrund arbeiten mußten. ... Aufgrund der 1905 wenigstens theoretisch gewährten Vereinigungsfreiheit tauchten auch andere Fürsorgegesellschaften – wenn sie auch russischerseits nie legalisiert wurden – aus dem Untergrund auf: vor allem die ‹Hygienische Gesellschaft› mit ihren vielen Kinderhorten und Sanatorien, die ‹Kinderschutzgesellschaft› und die ‹Gesellschaft der Kinderfreunde›, sowie die ‹Gesellschaft für Sommerkolonien›, welche ihre seit 1890 geübte Praxis, schulpflichtige Kinder zur Erholung aufs Land zu schicken, nunmehr endlich auch legal durchführen durfte.»[36] Auf diesen Einrichtungen beruhte die soziale Fürsorge. Gemessen an den heutigen Maßstäben öffentlicher Fürsorge war die Form, in der diese Einrichtungen ihre Hilfe anboten, sicherlich unzureichend: Das ganze System war abhängig vom Wohlwollen reicher Familien und Mäzene, und der philanthropische Überbau erscheint uns als moralischer Schwulst. Mehrmals nahm Korczak die Gelegenheit wahr, öffentlich über das System privater Wohlfahrt zu spotten, aber es war das einzige Fürsorgesystem, das existierte und funktionierte, und so ließ sich auch Korczak trotz seiner Distanz darauf ein.

Wichtige Erfahrungen sammelte Korczak in den sogenannten Sommerkolonien. Es handelte sich dabei um Ferienheime auf dem Land, die ebenfalls von einem Verein unterhalten wurden. Zu einem geringen Preis konnten Arbeiterfamilien ihre Kinder dorthin in Ferien schicken, für viele Kinder die einzige Chance, wenigstens vorübergehend aus engen Wohnverhältnissen der Großstadt herauszukommen. Korczak war von dieser Einrichtung begeistert und bot Dr. Eliasberg, der zu den Initiatoren der Sommerkolonien gehörte, seine Mitarbeit an. Eliasberg nahm dieses Angebot gerne an, zumal es an qualifizierten Mitarbeitern fehlte, und so verbrachte Korczak fast jeden Sommerurlaub mit den Kindern auf dem Lande.

Seine ersten Erfahrungen waren katastrophal: Korczak hatte das Gefühl, völlig zu versagen. Sicher, der Umgang mit Patienten war nicht sonderlich schwer; was gesagt und getan werden mußte, lag weitgehend fest. Aber mit dreißig Kindern zu leben, sie zu führen, mit ihnen zu sprechen und auch dies: für die Disziplin einer Gruppe verantwortlich zu sein und sich Gehör zu verschaffen, das waren völlig neue Anforderungen, die nur mit gutem Willen nicht zu lösen waren. Es ging um die leidige Frage der Autorität, und für Korczak stand fest: Autorität gewinnt man nicht durch formale Strenge und äußeres Reglement. Er empörte sich über die Art, in der einige Mitarbeiter in den Sommerkolonien mit den Kindern umsprangen. Aber er selbst hatte noch lange keinen Stil gefunden, der ihn zufriedenstellen konnte.

Über Korczaks Erfahrungen in den Sommerkolonien sind wir gut unterrichtet. Erst Jahre nach dem ersten Aufenthalt verfaßte er einen Bericht über diese Zeit, einen eindrucksvollen Text über pädagogische Anfangserfahrungen und ein Stück gelebter und erlebter, fast möchte man sagen: erlittener Pädagogik. *Den Sommerkolonien habe ich viel zu verdanken. Hier begegnete ich zum ersten Male einer Kinderschar und lernte in selbständiger Arbeit das Abc der pädagogischen Praxis. Reich an Illusionen, arm an Erfahrung, sentimental und jung, glaubte ich, vieles schaffen zu können, weil ich viel erreichen wollte.*

Ich glaubte, es sei leicht, Liebe und Vertrauen der Kinderwelt zu erwerben, man müsse Kinder auf dem Lande gänzlich in Freiheit leben lassen, meine Pflicht sei es, allen gegenüber derselbe zu sein, und Wohlwollen wecke bei jedem unmündigen Sünder reuige Gedanken ... Während ich naiv daran glaubte, es werde mir alles leicht von der Hand gehen, ließ ich mich von dem Reiz der Aufgabe, die mich erwartete, einfach gefangennehmen ... Ich hatte viele Bücher über Kinderpsychologie gelesen. Aber trotzdem stand ich ratlos vor dem Geheimnis der Kollektivseele einer Kindergemeinschaft. Daß sie mir unbekannte neue Forderungen stellte, daß ich schmerzlich überrascht war, unterlag keinem Zweifel. Mein Ehrgeiz war getroffen, ein Gefühl des Überdrusses befiel mich; wie denn, so bald schon?[37]

Was waren das für *unbekannte neue Forderungen*, vor die Korczak sich gestellt sah? – Auf den ersten Blick alltagspraktische Kleinigkeiten, die einer Kindergruppe ständig neuen Konfliktstoff liefern, wenn sie nicht mit Bedacht vorentschieden werden. Korczak nennt eine Fülle von Beispielen: *Wie haben Kinder am Tisch Platz zu nehmen?*

Auch diese Frage hatte ich nicht vorausgesehen. Im letzten Augenblick entschloß ich mich in aller Eile, sie – entsprechend dem leitenden Grundsatz der Freizügigkeit – sitzen zu lassen, wie sie wollten. Ich hatte jedoch nicht bedacht, daß es nur vier von den anderen unterschiedene Plätze gibt –

Sommerkolonie «Różyczka»

die Eckplätze, alle übrigen sind gleich; um diese vier Plätze wird es also immer Streit geben, und zwar um so härter, je mehr Anwärter sich finden. Ich hatte nicht geahnt, daß der Streit um diese vier Plätze sich bei jeder Mahlzeit wiederholen würde und daß diejenigen, die als erste dort gesessen hatten, nach dem Grundsatz der Priorität, die anderen nach dem der Gleichheit Anspruch auf die Plätze erheben würden. Ich hatte nicht vorausgesehen, daß bei einem ständigen Wechsel der Plätze und der Freundschaften die Kinder täglich andere Nachbarn haben würden; also wieder Streitereien beim Verteilen von Milch und Suppe, mit der Begleiterscheinung, daß Gefäße dabei ihr Gleichgewicht verlieren, ihr Inhalt verschüttet wird und sie selbst zerbrechen ... Ich war sogar so unklug, den Kindern freie Auswahl ihrer Bettplätze im Schlafsaal zuzugestehen: jeder sollte schlafen können, wo er wollte. Wirklich, wenn man mir selbst die Wahl freigestellt hätte, ich hätte nicht gewußt, welchem Platz der Vorzug zu geben sei. Die Anordnung war jedoch offensichtlich so unsinnig, daß ich sie schnell wieder zurückzog – jedoch nicht so, daß es nicht auch hierbei viel Tumult und Lärm gab. Ich legte die Kinder nach den laufenden Nummern meiner Liste und fühlte mich sehr erleichtert, als endlich halbwegs Ruhe herrschte.

Verschwommen zunächst wurden mir meine erlittenen Niederlagen bewußt, ich war jedoch wie betäubt und nicht in der Lage, nach ihren Ursachen zu suchen.[38]

Sicherlich, das sind pädagogische Bagatellen, kaum der Rede wert;

doch hängt an ihnen alles, was den Namen «praktische Pädagogik» verdient. *Ich hatte begriffen, daß Kinder eine Macht sind, die man zur Mitwirkung ermuntern und durch Geringschätzung verletzen kann, mit der man aber auf jeden Fall rechnen muß.*[39] Korczak lernte, daß die Autorität eines Erziehers auch und vielleicht sogar in erster Linie damit zusammenhängt, ob und wie er alltagspraktische Situationen mit Vorbedacht zu handhaben weiß. Der Pädagoge Walter Kling sagte einmal, Autorität sei die Summe der Zuverlässigkeiten, abzüglich der Summe der Unzuverlässigkeiten. Diese abstrakte Formel gewinnt auf dem Hintergrund von Korczaks Erlebnisbericht Plausibilität.

Als Korczak zum erstenmal mit den Kindern aufs Land fuhr, nahm er sich vor, daß es eine Reise ohne Tränen werden sollte. Es gab Tränen, es gab blaue Augen und Schlägereien, und die Enttäuschung war groß: *Anfangs empfand ich einen brennenden Schmerz. Das gesamte Kristallgebäude meiner Träume stürzte ein, fiel in Trümmer.*

Zorn und beleidigter Ehrgeiz: ich werde zum Gespött derer, die ich an Gemütswerten weit überrage, die ich überzeugen, durch mein Beispiel hinanziehen, denen ich vielleicht auch imponieren wollte.[40] Zorn und beleidigter Ehrgeiz – in dieser Stiummungslage kehrte Korczak nach Warschau zurück, nachdem er vier Wochen mit den Kindern auf dem Land verbracht hatte, und immerhin: Sein Jahresurlaub war damit vorbei. Aber bei diesen Reaktionen blieb es nicht; Korczak sah seine Fehler; er sah seine Unterlassungen, und vielleicht bewahrte ihn das vor schlechter Resignation. Vermutlich liegt hier der Schlüssel für das Geheimnis seines Erfolges als Erzieher: Er war in der Lage, selbstkritisch die eigenen Fehler zu sehen. – Dazu noch eine Szene aus den Sommerkolonien: *Beim Spazierengehen nähern wir uns einem umfriedeten Brunnen. Ich lasse Halt machen:*

«Stellt euch paarweise auf. Zu viert werdet ihr an den Brunnen herantreten.»

Ich warne sie also nicht nur, denn es wäre vergeblich, Ordnung halten zu wollen. Und wenn eine Schlägerei entstünde, wenn die Wildlinge den Schöpfbecher zerschlügen, die Anlagen zertrampelten, die Umfriedung einrissen – sie wären nicht schuld, sondern die mangelnde Erfahrung des Erziehers.[41]

Erfahrungsgemäß ist in der pädagogischen Praxis Selbstkritik selten. Kritik läuft in der Regel nach der Logik der Schuldzuweisung ab. Korczak hat dem verführerischen Zwang dieser Logik widerstanden: Für ihn waren die ersten deprimierenden Erfahrungen die Quelle neuer Einsichten und ein Anlaß zur kritischen Selbstprüfung, und es ist kein leeres Pathos, wenn Korczak später schreibt: *Erkenne dich selbst, bevor du Kinder zu erkennen trachtest.*[42]

Erst Jahre später, nämlich 1909 und 1910, findet Korczak für die Erlebnisse und Erfahrungen in der Sommerkolonie eine literarische Sprache: Es entstehen die zwei Prosaskizzen *Die Mojsches, Joscheks und andere Lausbuben* und – als Fortsetzung dieses Bandes – *Von den Joscheks, Jascheks und Franeks*. Mit diesen beiden Büchern legte Korczak seine ersten umfangreichen Versuche in der damals noch jungen Kinderliteratur vor, zwei Sammlungen von harmlosen Geschichten, erzählt aus der Perspektive eines genauen und liebevollen Beobachters, Geschichten, die nur für einen Leser genußreich sind, der Lust am absichtslosen Erzählen hat. In ihrer scheinbaren Reflexionslosigkeit liegt der Reiz dieser Geschichten. Fünf-, sechsjährige Kinder genießen das, und für sie sind die beiden Bücher auch gedacht.

Noch war Korczaks Mitarbeit in der Sommerkolonie ein jährliches Intermezzo im Leben des vielbeschäftigten Arztes. Doch der erste Schritt war getan, und nach und nach erschloß sich Korczak ein neues Aufgabenfeld. Es bedurfte nur noch eines geeigneten Anlasses, um hier, im weiten Bereich der Erziehung, tätig zu werden. An einem Winterabend des Jahres 1909 war dieser Anlaß gekommen. Korczak wurde von seinem Kollegen Eliasberg zu einem Gedenkfest in das Heim für jüdische Kinder in die Franciszkańska-Straße eingeladen. Das Haus muß nicht besonders gut geführt worden sein. Jedenfalls bemühte sich der «Verein für Waisen», dem Eliasberg und seine Frau angehörten, um Renovierungsarbeiten. Man dachte wohl auch an neues Personal. Aber es war schwer, jemanden für diese aufreibende Arbeit zu finden. An diesem Abend wurde Korczak gebeten, sich regelmäßig um die Kinder zu kümmern. Korczak versprach mitzuhelfen. Es stellte sich jedoch bald heraus, daß das Haus, in dem die Kinder untergebracht waren, völlig ungeeignet war. Die Räume waren feucht und dunkel, und die Atmosphäre glich mehr einer finsteren Kaserne als einem Heim für Kinder. Der Verein «Hilfe für Waisen» bemühte sich daraufhin um geeignetere Räume. Doch die Suche blieb ergebnislos, und so entschloß man sich, ein neues Haus selbst zu bauen. In einer großen Spendenaktion brachte der Verein das nötige Geld zusammen, erwarb ein Grundstück in der Krochmalnastraße, und bald wurde mit dem Bau begonnen. Im Herbst 1911 war das zweistöckige Haus bezugsfertig. Korczak löste seine alte Wohnung auf und zog in das neue Haus in der Krochmalnastraße. Der Verein «Hilfe für Waisen» hatte ihm die Leitung des Hauses angetragen. Nun war der entscheidende Schritt getan.

Heute sucht man das Waisenhaus («Dom Sierot») vergeblich in der Krochmalnastraße. Es liegt in einem Warschauer Stadtviertel, das im Zweiten Weltkrieg fast völlig zerstört wurde, und in der heutigen Krochmalnastraße findet man nur moderne Wohnblocks, aber kein Kinderheim. Das liegt daran, daß der Verlauf der Straßenzüge anders ist als vor vierzig Jahren. Der Besucher braucht jedoch nur zwei Straßen weiterzugehen; dort, in der heutigen Jaktorowskastraße, findet er das alte Waisen-

«Dom Sierot» (Aufnahme 1985)

Der heutige Eingang zum «Dom Sierot»

haus, eines der wenigen Gebäude, die im Krieg nicht zerstört wurden. Noch immer hängt vor dem Eingang das alte Straßenschild: «Krochmalna 92», und noch heute beherbergt das Haus Waisenkinder aus Warschau und seiner näheren Umgebung. Zu Korczaks Zeit trug es den schlichten Namen «Dom Sierot» (Haus der Waisen oder Waisenhaus). Heute heißt es «Dom Dziecka Nr 2 im. Dr Janusza Korszaka» (Kinderheim Dr. Janusz Korczak). Dem Gründer zu Ehren benannte man das Haus nach ihm. Die Warschauer kennen es: ein unauffälliger Ort, an dem noch immer die gemeinsame Erinnerung an die schwerste Zeit der polnischen Geschichte lebendig wird.

Zusammen mit Stefania Wilczyńska – von ihr wird noch ausführlicher die Rede sein – leitete Korczak das «Dom Sierot» fast dreißig Jahre. Es wurde zu einer Werkstatt lebendiger Pädagogik. Heute, über vierzig Jahre nach Korczaks Tod, besitzen wir nur den schriftlichen Niederschlag seiner pädagogischen Arbeit. Von der Arbeit selbst kann man nur einiges ahnen. Doch noch durch die Schriften, die Korczak hinterlassen hat, geht ein frischer Zug authentischer Erfahrungen. Von ihnen, den Büchern, soll im nächsten Kapitel die Rede sein. Darum unterbreche ich den chronologischen Ablauf der Lebensgeschichte und werde einige Sprünge zu machen haben: in die Geschichte der Pädagogik, in verschiedene Lebensphasen Korczaks und schließlich – in die Gegenwart.

Vom Recht des Kindes auf Achtung

*Das Aufziehen eines Kindes ist keine
Spielerei.*

(Janusz Korczak)

Die Welt reformieren heißt, die Erziehung reformieren.[43] Diesen Satz soll
Korczak einmal geschrieben haben, als Vierzehnjähriger. Hanna Mortkowicz hat ihn überliefert. Ob er tatsächlich von Korczak stammt, sei
dahingestellt. Wer hat solche Sätze nicht geschrieben? – Nach langweili-
gen Schulstunden kommt man leicht auf solche Ideen. Doch ich möchte
an diesem Satz so schnell nicht vorbeigehen.

Er bringt – kurz und bündig – die Ambitionen zum Ausdruck, die die
Pädagogik seit der Aufklärung geleitet und bestimmt haben und – folgt
man einigen zeitgenössischen Theoretikern der Erziehung – immer noch
leiten und bestimmen: Erziehung will verändern, Erziehung hat eine andere, bessere Welt im Auge, andere und bessere Verhältnisse und – das im
ganz besonderen Maße – einen anderen und besseren Menschen. Mit der
Aufklärung kommt der Glaube an die Allmacht der Erziehung auf: «Der
Mensch», schreibt Kant, ganz im ungetrübten Vertrauen auf die Mach-
barkeit vernünftiger Verhältnisse, «kann nur Mensch werden durch Erziehung. Er ist nichts, als was die Erziehung aus ihm macht.»[44]

Dieser veränderungswillige Elan kommt in Korczaks Schriften – wenn
überhaupt – nur noch sehr gedämpft vor. Von «der Welt» ist dort nicht
mehr die Rede. Vorherrschend sind ein eher bescheidener Ton und eine
geschärfte Aufmerksamkeit für Details und konkrete Probleme, und an
die Stelle einer allgemeinen systematischen Theorie tritt eine lange Kette
von Geschichten. Korczak sprach in diesem Zusammenhang von *erzäh-
lender Pädagogik*[45]. Gemeint ist eine Pädagogik, die darstellt und nicht
fordert, die verstehen will und nicht – aus der Distanz – befindet, eine
Form der Theorie, die die Nähe zu Lebenszusammenhängen sucht,
indem sie sie erzählend bewahrt. Daß es dabei vorläufig zugeht, ungeglät-
tet und mitunter sogar grob, versteht sich fast von selbst: *Schreiben –
nachlässig, ungelehrt, im Stil eines Fuhrknechts, nicht glätten, nicht ver-
schönern. Dafür ist keine Zeit.*[46] Soviel nur zum Atmosphärischen der
Schriften, das durchaus schon eine befreiende Wirkung haben kann,

Immanuel Kant

wenn man der Unterrichts- und Erziehungsstrategen überdrüssig geworden ist und nach neuen Wegen sucht, und wenn dann ein Pädagoge noch schreibt: *Wir kennen das Kind nicht*[47], könnte man wieder Lust auch an pädagogischer Theorie bekommen.

Es könnte auf den vorangegangenen Seiten das Mißverständnis aufgekommen sein, Korczak habe mit der Tradition der Aufklärung gebrochen. Das ist keineswegs so. Sehr deutlich steht Korczak in der Tradition Kants, Rousseaus und Pestalozzis. Doch hat «Aufklärung» im Gesamtzusammenhang seiner Arbeit und seines Schreibens ein ganz spezifisches Gewicht. Man könnte es – negativ – so beschreiben: Was Korczak nie tat, war, ehrgeizige Programme im Namen des Fortschritts auf dem Rücken der Kinder auszutragen. Seine Pädagogik – wenn man davon überhaupt sinnvoll reden kann – knüpft an ein zentrales Motiv aus der Philosophie des 18. Jahrhunderts an, nämlich an das mit der Aufklärung aufkommende Bewußtsein von der Würde des einzelnen. Würde, so hatte Kant diesen Begriff umschrieben, ist ein Wert, für den es kein Äquivalent gibt, der also unendlich ist und weder käuflich zu erwerben noch durch irgendeine andere Anstrengung zu erhalten ist. Diese Idee der Würde zieht sich durch Korczaks gesamtes Werk. Zum erstenmal taucht sie auf in dem 1918 in polnischer Sprache erschienenen Buch *Jak kochać dziecko* (*Wie man ein Kind lieben soll*).

Korczak schrieb dieses Buch in den Schützengräben des Ersten Weltkriegs, zu dem er – wieder als Lazarettarzt – gleich zu Beginn eingezogen wurde. Wieder eine schmerzliche Trennung von zu Hause und von der dort zurückgelassenen Arbeit. Im «Dom Sierot» war die schwerste Zeit, die Zeit des Aufbaus und der Konsolidierung, überstanden. Wieder verschlägt es ihn tief nach Rußland, und hier, mitten in den Kriegswirren, entsteht das Buch, von dem im folgenden die Rede sein soll.

Es gehört zu den wenigen Werken in der pädagogischen Literatur, die aus einem vitalen Frageimpuls heraus geschrieben wurden: unakademisch – Korczak hatte während der Niederschrift keinerlei Hilfsmittel zur Verfügung, also keine Bibliothek, keine Sekundärliteratur und keine Projektberichte – und orientiert an der Fülle der eigenen Erfahrungen spricht Korczak in einem assoziativen Stil über die Vielzahl der Fragen, die sich im Zusammenhang mit der Entwicklung des Kindes stellen. Der assoziative Stil kann sich bei der ersten Lektüre des Buches als sehr hinderlich erweisen, und der Leser muß schon einige Geduld mitbringen, um die zweihundert Seiten beim erstenmal mit Gewinn zu lesen. Von fast allen Autoren, die über Korczak gearbeitet haben, wurde darauf hingewiesen, daß Korczak kein pädagogisches System entwickelt habe, und von allen wird dieser Umstand begrüßt, was auch ein Stück Zeitgeist ist, der uns mit Korczak verbindet. («Das System ist der Geist gewordene Bauch», schrieb Adorno einmal.[48])

Dennoch: Im Ungefähren tappte Korczak nie. Dafür war Erziehung für ihn eine zu ernste Angelegenheit, und im assoziativen Denkstil wird durchaus eine Haltung sichtbar, die mehr ist als die Summe beliebiger Einfälle. Das berechtigt uns, von Motiven und roten Fäden zu sprechen, die sich durch Korczaks Werk hindurchziehen. Ein ganzes Netz roter Fäden ist in die vielen Andeutungen, Beschreibungen, Beobachtungen und Hinweise verwoben, die Korczak in dem Buch *Wie man ein Kind lieben soll* niedergeschrieben hat. Darüber hinaus bietet dieses Buch die Gelegenheit, weitere Mosaiksteine zu sammeln für ein biographisches Porträt. Denn das Buch ist auch ein Erfahrungsbericht des Arztes und Pädagogen Korczak nach vierjähriger Arbeit im Warschauer Waisenhaus.

Die Grundtendenz des Buches ist ein sublimer Skeptizismus: Vieles bleibt offen; mehr Fragen werden gestellt als Antworten gegeben, und an den Schlüsselstellen taucht immer wieder ein bestimmtes intellektuelles Motiv auf, die Scheu vor Verallgemeinerungen: *Der Erzieher sagt:*
« Meine Methode, meine Ansicht.» Wenn er auch theoretisch höchst unzureichend vorbereitet wäre, und wenn er auch nur eine geringe Anzahl

an Arbeitsjahren hinter sich hätte, so wäre er dennoch berechtigt, so zu sprechen.

Aber er soll immer daran denken, daß diese Methode, diese Ansicht ihm unter bestimmten Umständen, in einer bestimmten Landschaft und mit spe-

zifisch gearteten Kindern durch seine Arbeitserfahrung vermittelt worden ist. Er sollte seinen Standpunkt begründen, Beispiele anführen und sie durch besondere Einzelfälle belegen. Dann mag er ... dazu berechtigt sein, sich auf das schwierigste und riskanteste Feld zu begeben: Mutmaßungen anzustellen oder Voraussagen zu treffen, was aus einem Kind werden wird.[49]

Auf dem Hintergrund dieser Überlegung wird der sich wie ein Leitmotiv durch Korczaks Werk hindurchziehende Satz verständlich: *Wir kennen das Kind nicht.*[50] Auf den ersten Blick eine intellektuelle Bankrotterklärung. Doch sieht man genauer hin, so beginnt dieser Satz in vielen Farben zu schimmern, und eine lange Tradition intellektueller Anstrengungen wird lebendig, Sokrates etwa, der auf dem Höhepunkt seines Lebens seine Unwissenheit eingesteht, oder die spätmittelalterlichen Mystiker, die sich aus den Fesseln der dogmatischen Theologie befreiten und – dem Sokratischen Bekenntnis ähnlich – sich als theologisch Unwissende einschätzten. Was diese heterogenen Strömungen miteinander verbindet, ist eine behutsame Skepsis zugunsten eines offenen, beweglichen und aufnahmebereiten Denkens. Diese Motive tauchen bei Korczak wieder auf.

Natürlich kennen und wissen wir viel über das Kind und seine Entwicklung: psychologisch, biologisch, soziologisch und medizinisch, eine Fülle von Wissensbereichen, die unsere Urteile und Einschätzungen mitbestimmen. Aber so hilfreich und nützlich dieses Wissen ist: Es bleibt immer fragmentarisch und allgemein und läßt das Besondere und Unwiederholbare draußen. Das Besondere wird nur sichtbar in Akten des Verstehens. Die Sprache bezeichnet mit diesem Begriff mehr eine bestimmte geistige Haltung als bestimmte Gehalte, und zu dieser Haltung gehören Wachsamkeit, Aufmerksamkeit, ein Gespür für Situationen und Lebensumstände und die Bereitschaft, sich auf diese Umstände einzulassen. Verständnis kommt nie zu einem Abschluß. Wer versteht, urteilt nie definitiv. Dazu Korczak: *Nur unter diesen Bedingungen wird die Arbeit des Erziehers weder monoton noch hoffnungslos werden. Jeder Tag wird ihm etwas Neues, Überraschendes, Ungewöhnliches bringen, jeder Tag wird um einen neuen Beitrag reicher sein.*[51] Und an der gleichen Stelle heißt es weiter: *Das Außergewöhnliche oder Seltene einer Klage, einer Lüge, eines Streits, einer Bitte, eines Vergehens, der Symptome von Ungehorsam, Falschheit oder Heldentum werden für ihn so wertvoll werden wie für den Sammler die Seltenheit einer Münze, einer Versteinerung, einer Pflanze oder der Stand der Gestirne.*

Nur dann wird er (gemeint ist der Erzieher) *jedem Kind mit einer verständigen Liebe zugetan sein, nur dann wird er sich für seinen geistigen Gehalt, seine Bedürfnisse, sein Schicksal interessieren. Je näher er dem Kind kommt, um so mehr an beachtenswerten Eigenschaften nimmt er wahr. Im forschenden Suchen findet er sowohl Belohnung als auch Ansporn zum weiteren Suchen, zu weiteren Bemühungen.*[52]

Was Korczak vorschwebt, ist eine Pädagogik der Unabgeschlossenheit und Offenheit: *Ein redlicher Erzieher ... ist voller Skrupel.*[53] Korczak mißtraut dem pädagogischen Omnipotenzwahn, durch Erziehung könne man alles nur Wünschbare erreichen. Er schließt das Scheitern pädagogischer Bemühungen als Möglichkeit von vornherein nicht aus: *Es gibt Probleme, denen wir unter den heutigen Lebensbedingungen ratlos gegenüberstehen. Auch ihre Anzahl ist etwas geringer geworden.*

Da ist ein Kind, dem man mit dem besten Willen und den größten Bemühungen kaum zu helfen vermag. Da ist ein anderes, dem man auf eben diese Weise wohl helfen könnte; aber die Bedingungen dafür sind ungünstig.[54] Das hört sich sehr resignativ an, und Korczak selbst verband mit dieser Einsicht eine Fülle trauriger Erfahrungen. Die Resignation hängt mit der Einsicht zusammen, daß der erzieherische Wille Grenzen hat: Unbedingt helfen zu wollen, kann zu Katastrophen führen, und ein ungebrochener Erziehungswille ist – bei allen guten Absichten – von der Gewalt nicht weit entfernt. *Naiv ist das Rezept pädagogischer Autodidakten, daß es genüge, Kinder konsequent zu erziehen.*[55]

Die resignative Stimmung – hier berührt sich Korczak unbewußt mit seinem Zeitgenossen Albert Schweitzer – ist Ausdruck des Respekts vor gegebenen und kaum veränderbaren Lebensverhältnissen: *Ich kann den Grund zu einer Tradition der Wahrheit, der Ordnung, des Fleißes, der Rechtschaffenheit und der Aufrichtigkeit legen, aber ich werde kein Kind zu etwas anderem umformen, als es ist. Birke bleibt Birke, Eiche bleibt Eiche, Ackerrettich bleibt Ackerrettich. Ich vermag zu wecken, was in der Seele schlummert, aber ich kann nichts neu schaffen. Lächerlich würde ich wirken, wollte ich mir oder dem Kind Vorwürfe deswegen machen.*[56] Ein gebremster Erziehungswille, kämpferisch zwar und so schnell nicht aufgebend, wie Ida Merżan, eine Mitarbeiterin Korczaks, einmal erzählt hat, doch gleichzeitig vorsichtig, behutsam, skeptisch und voller Skrupel – so kann man sich Korczak als Pädagogen vorstellen, vorläufig jedenfalls.

Es gibt einige Passagen in dem hier besprochenen Buch, in denen ein ganz anderer Ton angeschlagen wird. Zu diesen Passagen gehört die geradezu kämpferisch vorgetragene *Magna Charta Libertatis*, das *Grundgesetz für das Kind*, ein Kernstück des Buches. Zunächst der Text: *Achtung! Entweder wir verständigen uns jetzt, oder wir trennen uns für immer. Jeder Gedanke, der sich heimlich davonstehlen und verbergen will, jedes sich selbst überlassene, ungebundene Gefühl sollte zur Ordnung gerufen und durch den gebietenden Willen gezügelt werden.*

Ich fordere die Magna Charta Libertatis als ein Grundgesetz für das Kind. Vielleicht gibt es noch andere – aber diese drei Grundrechte habe ich herausgefunden:

1. *Das Recht des Kindes auf seinen Tod,*
2. *Das Recht des Kindes auf den heutigen Tag,*
3. *Das Recht des Kindes, so zu sein, wie es ist.*[57]

Sehr befremdlich, diese drei Punkte, und skandalös, wenn es heißt, das Kind habe ein R e c h t auf den eigenen Tod. Über diesen Punkt ist am meisten spekuliert worden, bis in die äußersten Randbereiche der Wissenschaften, die Thanatologie, hinein.[58]

Verständlicher werden diese drei Forderungen, wenn sie als kritische Korrektive gelesen werden, das heißt als zugespitzte, polemische Einwände gegenüber fragwürdigen Erziehungseinstellungen, -haltungen und -verhältnissen. Die Forderung, das Kind habe ein Recht auf den eigenen Tod, richtet sich gegen eine von Ängstlichkeit beherrschte Erziehungsatmosphäre, in der Kinder vor allen möglichen Gefahren beschützt werden, um den Preis, daß sie am Ende keinen Schritt mehr allein wagen.

Die beiden Psychologen Hans Selbald und Christine Kraut haben in den siebziger Jahren zu diesem Problem eine sehr umfangreiche Studie veröffentlicht, in der sie einem neuen – wie sie meinen – «Massenphänomen» nachgehen, das sie mit dem Begriff «Übermutter» bezeichnen. Die «Übermutter» ist die liebende, hingebungsvolle, sorgende und besorgte Beschützerin, deren wichtigster Lebensinhalt die Sorge um ihr Kind geworden ist. Es liegt auf der Hand, daß übermäßige Besorgtheit den Kindern nicht immer gut bekommt. Wozu die Überversorgung der Übermutter führen kann, beschreiben die beiden Psychologen folgendermaßen: «Kämpfe und Enttäuschungen bleiben ihm [dem Kind] erspart; Zähigkeit, Verantwortlichkeit und Verläßlichkeit bleiben für das Kind leere Begriffe. Vor allem die natürliche Aggressivität und die Eroberungslust, die Triebfedern jedes Menschen hin zur Weltbewältigung sind, werden verkümmern. Dafür wächst die Ichbezogenheit und das Abhängigsein. Die täglichen Übungen an den Konflikten fehlen; und damit fehlt auch die Übung, das Denken des Kindes wirklichkeitsnah zu machen.»[59] Das klingt ein wenig nach American dream of real life und nach der Ideologie vom tüchtigen Menschen, der – verantwortungsbewußt, zäh und verläßlich – sein Leben schon meistern wird. Trotzdem, an der Überlegung ist etwas Richtiges. Wer nie Widersprüche erlebt hat, das heißt konkret: sich nie einer Gefahr ausgesetzt sah, kann keine Erfahrung gemacht haben. In einer total behüteten Umwelt bleibt man nur – bei sich. Die Horrorvision davon ist heute die therapeutische Gummizelle, die Möglichkeit also, leidlos, problemlos und konfliktlos am Leben vorbeizuleben. «Es gibt keine Entfaltung des Ich dadurch, daß das Ich sich selbst wie eine Pflanze hegt und pflegt und mit Wasser begießt und sich darüber freut, wenn es schön zur Blüte kommt, sondern eben nur durch das, was Goethe und Hegel, die gerade darin eines Sinnes waren, als Entäußerung bezeichnet haben.»[60] So Adorno in seiner Vorlesung zur «Philosophischen Terminologie».

1926

Andere Autoren sprechen in diesem Zusammenhang von «Überversorgung» und «Überpädagogisierung». Gemeint ist damit eine Erziehungsatmosphäre, in der die Sorge um das leibliche und seelische Wohl des Kindes umschlägt in die Zwänge einer Dauerbehütung, die jegliche Möglichkeit selbständiger Erfahrung im Keime erstickt. Dazu Korczak: *Du mußt eben den Mut aufbringen, ein bißchen Angst um sein Leben auf dich zu nehmen.*[61] Mit anderen Worten: Korczaks Forderung nach dem Recht des Kindes auf seinen eigenen Tod ist nicht als Aufforderung zur Sorglosigkeit zu verstehen. In ihr drückt sich vielmehr eine zugespitzte Kritik aus an einer Erziehung in übermäßiger Behütung und Verwahrung, in der aus Furcht vor möglichen Gefahren den Kindern kein Raum mehr belassen wird, in dem sie sich selbst erproben könnten: *Aus Furcht, der*

Tod könnte uns das Kind entreißen, entziehen wir es dem Leben; um seinen Tod zu verhindern, lassen wir es nicht richtig leben. Selbst in der verderblichen Atmosphäre lähmenden Wartens auf das, was kommen soll, aufgewachsen, eilen wir ständig einer Zukunft voller Wunder entgegen.[62]

Aber: *Es ist nun nicht etwa so, daß ich es gutheiße, ein Übermaß an Fürsorge durch einen gänzlichen Mangel an Aufsicht zu ersetzen.*[63] Doch wird nötige Aufsicht zum Zwang, wenn sie bestimmt ist von Ängstlichkeit und einem Mangel an Zutrauen. Korczak kannte das Problem der Überversorgung noch nicht in seiner massenhaften Verbreitung. Aber es war ihm nicht unbekannt. In seinem Roman *Das Salonkind* beschreibt er die Kindheit eines kleinen Jungen, der in einem behüteten Elternhaus aufwächst und dabei vor allen möglichen Gefahren und Gefährdungen bewahrt wird. Erwachsen geworden, stellt der Held des Romans – rückblickend auf seine Kindheit – fest: ... *ein so langweiliges Buch wie mein Leben – habe ich noch nie vorgefunden. Ein so jämmerlich armer Inhalt.*[64] Ein trauriger Rückblick auf eine erfahrungslose Kindheit: Erfahrungslosigkeit als Preis der Konfliktvermeidung. *«Du wirst dir die Hand brechen, man wird dich überfahren, der Hund wird dich beißen. Iß keine Pflaumen, trink kein kaltes Wasser, geh nicht barfuß, lauf nicht in der brennenden Sonne herum, knöpf den Mantel zu, bind den Schal um. Siehst du, warum hast du nicht gefolgt? Nun mußt du hinken, nun tun dir die Augen weh. Um Gottes willen! Du blutest ja! Wer hat dir denn ein Messer gegeben?»*

Ein Schlag verursacht nicht nur eine Beule, sondern läßt auch eine Gehirnentzündung befürchten, Erbrechen zeugt nicht von der Unverdaulichkeit einer Mahlzeit, sondern weist auch auf eine nahende Scharlacherkrankung hin. Überall lauern Fallen und Gefahren, alles ist bedrohlich und unheilverkündend.

Und wenn nun ein Kind das alles glaubt und nicht heimlich ein Pfund unreife Pflaumen ißt oder irgendwo in einem Winkel – mit klopfendem Herzen – mit Streichhölzern spielt, nachdem es die Wachsamkeit der Erwachsenen eingeschläfert hat, wenn es gehorsam, passiv und vertrauensvoll sich der Forderung unterwirft, jeder Erfahrung aus dem Wege zu gehen, jedem Wagnis zu entsagen und die Mühen jeder Willensregung zu vermeiden, was wird es dann tun, wenn es in seinem Inneren etwas verspürt, was verwundet, brennt und beißt?[65]

Aus diesem Zusammenhang wird die befremdliche Forderung, das Kind habe ein Recht auf den eigenen Tod, verständlicher. Wir können sie auch lesen als eine Bitte um Zutrauen: Je mehr Zutrauen einem Kind entgegengebracht wird, um so sicherer wachsen seine Selbständigkeit und Eigenverantwortlichkeit. Ein Kind, das in einem Klima des Zutrauens aufwächst, hat gute Chancen, früh selbständig zu werden und sich nach und nach von der Hilfe der Erwachsenen zu lösen. Für Korczak war dies das eigentliche Ziel der Erziehung: Ein Erzieher muß sich überflüssig machen können.[66]

Auch die zweite Forderung, das *Recht des Kindes auf den heutigen Tag*, versteht sich nicht von selbst, zumal die knappe Formulierung eine Abbreviatur von Korczaks pädagogischem Denken ist. Zehn Jahre später noch schreibt er: *Ich werde verbissen immer wieder auf die Verteidigung eben dieses Grundsatzes zurückkommen, entgegen der landläufigen Formel vom künftigen Glied der Gesellschaft, vom künftigen Bürger. Wer die Kindheit überspringen will und dabei in die fernliegende Zukunft zielt – wird sein Ziel verfehlen.*[67]

Auch diese Forderung wird verständlicher, wenn sie als kritisches Korrektiv gelesen wird, als Korrektiv gegenüber den im wesentlichen zukunftsorientierten Erziehungsvorstellungen. Die Zukunft ist die zeitliche Dimension in der Erziehung. Antizipatorisch denkt jeder, der mit Kindern zu tun hat, an deren Zukunft. Ein Kind, das schreiben lernt, lernt dies im Hinblick auf einen zukünftigen Beruf. Es lernt heute unter Mühe lesen, um morgen den Anforderungen einer Kultur entsprechen zu können, in der Lesenkönnen eine fundamentale Lebensvoraussetzung ist. Die Beispiele ließen sich fortsetzen. Aus dieser Polarität, zwischen Gegenwart und einer unbestimmten oder nur vorläufig bestimmbaren Zukunft handeln zu müssen, entstehen die unzähligen Konflikte des pädagogischen Alltags.

Der Philosoph und Theologe Friedrich Schleiermacher hat in seiner «Theorie der Erziehung» (1826) diese Polarität als eines der zentralen ethischen Probleme der Erziehung dargestellt. Er schreibt: «Jede pädagogische Einwirkung stellt sich dar als Aufopferung eines bestimmten Momentes für einen künftigen; und es fragt sich, ob wir befugt sind, solche Aufopferungen zu machen.»[68] Zukunftsorientiertes Handeln schließt den Verzicht auf die Erfüllung gegenwärtiger Interessen und Bedürfnisse ein. Es fordert im Extremfall A s k e s e . Was hier und jetzt geschieht und getan wird, ist nur relevant im Hinblick auf das, was einmal sein könnte. Erziehung, die diesem Handlungsschema folgt, verzichtet auf eine erfüllte Gegenwart und legitimiert sich mit ihren Anforderungen und Ansprüchen mit dem Verweis auf die Zukunft. Schleiermacher hat darin eine große Gefahr gesehen, die Gefahr der Verhärtung und Abtötung lebendiger Impulse. Doch führt diese Kritik in ein pädagogisches Dilemma: «Nun aber können wir nicht sagen, daß in der Erziehung als solcher die Beziehung auf die Zukunft irgendwie zurückgesetzt werden dürfe. Das ist ja die Natur der pädagogischen Einwirkung, auf die Zukunft gerichtet zu sein; sowie wir diese Richtung verringern wollten, würden wir die pädagogische Einwirkung als solche aufheben.»[69]

Schleiermacher schlägt als Lösung dieses Dilemmas einen Kompromiß vor zwischen dem pädagogischen Interesse, das die Zukunft als Handlungsdimension einschließt, und dem ethischen Anspruch, die Lebenszeit des einzelnen nicht in ein Zweck-Mittel-Kalkül einzuspannen: «Die Lebenstätigkeit, die ihre Beziehung auf die Zukunft hat, muß zugleich auch

*Friedrich Daniel
Ernst Schleiermacher*

ihre Befriedigung in der Gegenwart haben; so muß auch jeder pädagogische Moment, der als solcher seine Beziehung auf die Zukunft hat, zugleich auch Befriedigung sein für den Menschen, wie er gerade ist.»[70]
Korczak hat Schleiermachers «Theorie der Erziehung» nicht gekannt.
Was sie jedoch beide miteinander verbindet, ist ein intensives Bewußtsein
des ethischen Dilemmas, in dem pädagogische Praxis steht und aus dem
sie gar nicht herauskommen kann, es sei denn, Erziehungsansprüche würden gänzlich aufgegeben. Dazu Korczak: *Um der Zukunft willen wird
gering geachtet, was es, das Kind, heute erfreut, traurig macht, in Erstau-
nen versetzt, ärgert und interessiert. Für dieses Morgen, das es weder versteht noch zu verstehen braucht, betrügt man es um viele Lebensjahre.*[71]
Der Erwachsene trägt als Erzieher einen großen Teil der Verantwortung
dafür, was aus dem ihm anvertrauten Kind einmal wird: beruflich, charak-
terlich, auch in seinem Verhältnis zu sich und zu anderen. Daraus ergeben
sich Ansprüche und Anforderungen, die weit über den heutigen Tag hin-
ausweisen: Schule, Berufsbildung, Übung, Training nehmen die Kinder

Der Speise- und Versammlungsraum im Waisenhaus

heute in Anspruch, um sich eventuell morgen als sinnvoll und richtig zu erweisen. Die Gefahr dabei ist, daß die Gegenwart das, was heute von Belang ist und interessiert, mißachtet und vergessen wird. Auf diese Gefahr macht Korczak mit seiner Forderung, das Kind habe ein Recht auf den heutigen Tag, aufmerksam. Er kannte die Profilierungsneurosen ehrgeiziger Eltern und Erzieher sehr gut. Die Kinder – so betont Korczak immer wieder – haben ein Recht auf ihre Kindheit, und man tut ihnen Gewalt an, wenn man sie auf die Wünsche und Hoffnungen festschreibt, die um ihre Zukunft kreisen.

Aber – so könnte man kritisch einwenden und Schleiermachers Frage wiederholen – ist pädagogisches Handeln damit nicht sinnlos geworden? – Hebt sich Erziehung und das, was einmal darunter verstanden wurde, nicht selber auf, wenn die Zukunft als mitzuverantwortende Handlungsdimension ausgeschlossen wird? – Tritt an die Stelle der Zwänge einer auf die Zukunft fixierten Erziehung die Tyrannei der Augenblicksinteressen? – Korczak war kein Antipädagoge[72] und hielt durchaus an der traditionellen Vorstellung fest, daß Erziehung auch mit Verzicht, Aufschub und Korrektur unmittelbarer Bedürfnislagen zu tun hat. Fröhliche Barbarei jedenfalls als Gegenbild zu einer verhärteten Erziehungspraxis lag ihm nicht. Seine Forderung, das Kind habe ein Recht auf den heutigen Tag, ist ein Plädoyer für die Achtung der Kindheit.

Es ist schwer, geboren zu werden und leben zu lernen[73], schreibt Korczak 1942 in sein Tagebuch. Eben dabei wollte er helfen. «Erziehung» war für ihn Lebenspraxis, und das hieß nicht, irgendwelche Normen und Grundsätze zu befolgen, sondern im alltäglichen Umgang mit Kindern zusammen zu leben in behutsamer Aufmerksamkeit für ihre täglichen Belange. Albert Camus schrieb einmal: «Die wahre Großzügigkeit der Zukunft gegenüber besteht darin, in der Gegenwart alles zu geben.»[74] In diesem Sinne könnte Korczaks Forderung verstanden werden. Für den Erwachsenen bedeutet sie eine Erschwernis, denn sie verlangt von ihm ein waches Gespür für die Forderungen des Tages: *Der Erzieher ist nicht verpflichtet, Verantwortung für die entfernte Zukunft auf sich zu nehmen – aber er ist voll verantwortlich für den heutigen Tag. Ich weiß, daß dieser Satz Mißverständnisse wecken wird. Man denkt es gerade umgekehrt, meiner Überzeugung nach falsch, wenn es ehrlich gemeint ist... Es ist leichter, die Verantwortung hinauszuschieben, sie in ein nebelhaftes Morgen zu übertragen, als schon heute über jede Stunde Rechenschaft abzulegen.*[75]

Korczaks dritte Forderung, das *Recht des Kindes, so zu sein, wie es ist*, fügt sich nahtlos an die beiden vorangegangenen. Ein gedämpftes Zutrauen in die Einflußmöglichkeiten der Erziehung – das war eine der wesentlichen Erfahrungen, die Korczak im Laufe seiner Arbeit im Warschauer Waisenhaus gemacht hatte. In der dritten Forderung spiegelt sich von dieser Erfahrung etwas wider. Auch hier ist wieder Polemik im Spiele, gegenüber dem Übereifer gutmeinender Erzieher und ihrer Illusion, ihre «pädagogischen Einwirkungen» (Schleiermacher) hätten unmittelbare Konsequenzen für das Wesen und für die Lebensart des Kindes. Ein Kind – so Korczak – ändert sich kaum und wenn, dann häufig unter dem Einfluß von Erfahrungen, die vorher gar nicht abzusehen waren: *Du kannst ein lebhaftes, aggressives Kind nicht dazu zwingen, gesetzt und leise zu sein; ein mißtrauisches und verschlossenes wird nicht offen und redselig werden, ein ehrgeiziges und widerspenstiges nicht sanft und nachgiebig.*[76] Gründlich mißtraute Korczak einer aus Verboten, Einschränkungen und Druck bestehenden Erziehung: die Mutter *sollte daran denken, daß alles durch Dressur, Druck und Gewalt Erreichte vorübergehend, ungewiß und trügerisch ist. Und wenn das nachgiebige, «gute» Kind plötzlich schwierig und aufsässig wird, sollte man sich nicht darüber ärgern, daß das Kind so ist, wie es ist.*[77] Druck verändert wohl das Verhalten eines Menschen, zumal wenn er jung ist. Aber bloßer Druck überzeugt nicht und begünstigt eher ein Verhalten aus schlechter Anpassungsbereitschaft: Man hat halt keine andere Wahl und tut das, was verlangt wird; die andere Seite ist allemal die stärkere.

Das *Recht des Kindes, so zu sein, wie es ist* – auch das ist ein impliziter

Korczak mit Kindern des Waisenhauses

Anspruch an Erzieher und an ihr Verhältnis gegenüber Kindern. Gemeint ist vor allem die Bereitschaft zum langen Atem: Im schwierigen Prozeß des Reifens und Wachsens geschieht nichts von einem Tag auf den nächsten. Die Tatsachen haben Macht, und gegen sie vermag der Wille wenig, zumal wenn er den schnellen Erfolg sucht. Man kann ein Kind nicht beliebig umerziehen und von ihm erwarten, daß es sich von heute auf morgen ändert, und man kann gegen die Vielfalt der Erfahrungen, Anlagen und Eigenschaften, die ein Kind mitbringt, nicht handeln, in der Erwartung, durch entsprechende Erziehungsmaßnahmen einen Menschen zu verändern.

In den negativen Utopien der zeitgenössischen Literatur wird vorgeführt, wohin der Omnipotenzwahn der Pädagogik führt: die Willens- und Wesensveränderung als Gehirnwäsche. Hier kommt die alte Vorstellung zu sich selbst, Erziehung sei zuerst und im wesentlichen Willensbrechung. Noch in der Aufklärung geistert sie herum, und vielleicht haben erst die politischen Erfahrungen des 20. Jahrhunderts dazu geführt, daß diese Vorstellung gründlich desavouiert ist. Pädagogik war für Korczak die fortwährende Bemühung um eine «innere Abrüstung» (Sloterdijk), die mitunter schmerzliche Bereitschaft, lieber zu belassen als verändernd einzugreifen und umformen zu wollen. Die pädagogische Lust des Bildens und Formens – Thomas Mann hat sie in ihrer ungehemmten und noch unreflektierten Form dargestellt an der Lebensgeschichte des Volkserziehers Moses –, diese Lust ist im Wirken Janusz Korczaks sehr sublim und zurückhaltend geworden. Moses, der «Werkmann des Unsichtbaren», wie es bei Thomas Mann heißt, kannte noch keine Skrupel, und Thomas Mann vergleicht immer wieder seine pädagogische Lust mit der eines Bildhauers und Steinmetzen. Grob wurde dementsprechend zugeschlagen. Und Moses konnte das: Seinen Auftrag nahm er sehr ernst. Diese Zeit ist vorbei, und Thomas Mann stellt sie dar als eine wesentliche, aber vergangene Epoche. Korczak, der Moderne, handelte nicht mehr im Auftrag einer höchsten Instanz. Die einzige Instanz, die er noch anerkannte, war das Kind, und die Gebote, die er befolgte, waren die unzähligen Imperative des Alltags: *Wenn ich ohne Illusionen die Fakten werte, so glaube ich, am wichtigsten ist, daß der Erzieher fähig sein muß:*

Jedem in jedem Fall völlig zu verzeihen ... Der Erzieher, gezwungen zu murren, zu nörgeln, zu schreien, zu schnauzen, zu drohen, zu strafen, muß in sich und für sich jede Ausschreitung, Verfehlung, Schuld nachsichtig beurteilen. Es (das Kind) *ist schuldig geworden, weil es das nicht gewußt hat; weil es nicht überlegt hat; weil es der Versuchung der Überredung erlegen ist; weil es etwas versuchen wollte; weil es nicht anders konnte ... Erzieher ist nicht, wer sich empört, wer schmollt, wer einem Kind grollt, weil es das ist, was es ist, wie es geboren ist oder wie die Erfahrung es erzogen hat.*

Trauer, nicht Groll. Trauer, daß es auf schiefem Wege in die einsame Bahn seiner Bestimmung geht ... Trauer, nicht Zorn; Mitleid, nicht Rachsucht.[78]

Trauer ist vielleicht die angemessene Haltung eines Pädagogen, der nicht dazu bereit ist, seine besten Absichten über die Wirklichkeit triumphieren zu lassen: Es gibt Situationen, in denen die besten Absichten zum Scheitern verurteilt sind. Das zu ertragen, hat sich Korczak von einem guten Erzieher gewünscht.

Vieles von dem, was Korczak gefordert hat, ist heute in der pädagogischen Kultur selbstverständlich geworden. Prügelmentalität – so scheint es – herrscht nicht mehr. Daß Korczak noch im Ton der Forderungen reden mußte, ein Ton, der ihm im Grunde fremd war, liegt an der Zeit, in der er lebte. Bei ihm blieb es nicht dabei, Forderungen auszusprechen. Er selbst hat sich stets um ihre Einlösung bemüht und sich den Komplikationen ausgesetzt, die sich aus den hohen Erwartungen ergaben.

«Der Mensch kann nur Mensch werden durch Erziehung. Er ist nichts, als was die Erziehung aus ihm macht.» So steht es bei Kant. Korczak hat – kontrapunktisch dazu – einen anderen Satz geprägt, der schon früh in einem Aufsatz, im Jahre 1899 veröffentlicht[79], zu finden ist und sich durch das gesamte Werk hindurchzieht: *Das Kind wird nicht erst Mensch, es ist schon einer.*[80] Diese schlichte Einsicht hat – wenn es mit ihr wirklich ernst ist – praktisch ganz andere Konsequenzen als eine Pädagogik der Veränderung. Der Satz bringt eine Haltung zum Ausdruck, die geprägt ist von der Achtung des Lebendigen in seiner Unmittelbarkeit. Pädagogisch heißt das: keine Veränderungen durchsetzen, sondern Antworten geben; kein pädagogisches Ideal verwirklichen, sondern geduldige Hilfe leisten. Das Kind hat ein Recht, *so zu sein, wie es ist.* Es hat ein Recht auf A c h - t u n g. Es nach dem Bild zu modeln, das man gerne von ihm hat, ist eine Form der Gewalt. Gewalt und Erziehung aber schließen einander aus. Für Korczak war das nicht nur von theoretischer Evidenz, und sein praktisches Werk, das Waisenhaus in der Krochmalna-Straße, erlaubt uns heute, von «Erziehung» anders zu denken als in den naheliegenden Kategorien von Zwang, Macht und Gewalt. *Alle Tränen sind salzig; wer das begreift, kann Kinder erziehen, wer das nicht begreift, kann sie nicht erziehen.*[81]

Wieder ein einseitiges Bild, das wir hier zeichnen? Wieder Festlegungen? – Korczak, von franziskanischer Duldsamkeit, voller Verständnis, Ausgeglichenheit, Ruhe und sanften Gemüts? – «Er konnte sehr böse werden, vor allem nach dummen Geschichten», erzählte mir Kazimierz Dębnicki, der ihn als junger Mann noch kennengelernt hat und häufig mit ihm im Getto zusammenkam. – Noch einige Stellen aus dem hier besprochenen Buch, sozusagen als kleine Korrektur an einem möglicherweise einseitigen Bild: *Es wäre ein Fehler zu meinen, daß Verständnis allein genüge, Schwierigkeiten zu vermeiden. Wie oft muß ein mitfühlender Erzieher seine guten Empfindungen zurückhalten und Ausschweifungen Einhalt gebieten, um das Kind zu diszipliniertem Tun anzuhalten, obwohl er das gar nicht im Sinne hat. Hier werden gründliche wissenschaftliche Vorbereitung, große Erfahrung und Ausgeglichenheit auf eine harte Probe gestellt.*[82] Korczak hat, bei aller Sympathie mit Kindern, die Kindheit nie romantisiert. Er ging davon aus, daß Kinder weder an sich gut noch an sich böse sind, aber zu beidem neigen, je nach Umständen, Anlässen und Situationen. Das Kind ist weder das sanfte Wesen, wie es in zahllosen Versionen von der Literatur der Romantik entworfen wurde, noch die «tabula rasa» (John Locke), von der die Pädagogik der frühen Aufklärung sprach. Übermäßige Erwartungen gegenüber der moralischen Integrität der Kinder können nur enttäuscht werden. Diese Erfahrung haben viele Reformpädagogen der älteren und der jüngeren Generation machen müssen, und bei vielen endete das Erwachen in Verbitterung und Verhärtung. «Nicht selten verkehrt sich deshalb ein anfänglicher Enthusiasmus in gesunde Feindseligkeit», schreibt Peter Weigelt zur heutigen pädagogischen Szenerie[83], wobei sich allerdings die Frage stellt, was «ge-

Schulklasse im wilhelminischen Deutschland

sund» ist an der Feindseligkeit, die an die Stelle des realitätsgeprüften Enthusiasmus tritt. Korczak hat sich – wir werden im nächsten Kapitel noch darauf zurückkommen – vor dieser Ernüchterung zu bewahren gewußt.

Statt zu verbittern, lernte er, auch eigene Ansprüche und Erwartungen zu relativieren und zu prüfen, und in diesen Lernprozeß gehört auch die Erfahrung, daß Verständnis allein nicht genüge, wenn man sich selbst und den Kindern gegenüber ehrlich sein will. *Verdächtig erscheint mir ein Erzieher, der behauptet, er antworte geduldig auf die Fragen der Kinder. Wenn er nicht die Unwahrheit sagt, dann ist er vielleicht den Kindern so fremd, daß sie sich selten und nur ausnahmsweise mit ihren Fragen an ihn wenden.*[84] Verständnis und Liebe – der bloß sanfte Erwachsene kann für Kinder zur Horrorvision werden. Es ist dann wie in der therapeutischen Gummizelle, in der jede Lebensregung in sanftmütigem Lächeln und Verständnisbereitschaft ausgeblasen wird. Dazu Korczak: *Also sollte man alles erlauben? Durchaus nicht: Wir würden aus einem sich langweilenden Sklaven nur einen blasierten Tyrannen machen.*[85] Die Bemerkung reizt zur Interpretation. – Der *blasierte Tyrann* als Typus permissiver Erziehung? – Manchmal scheint es, daß es tatsächlich so ist. Im Zeichen des «Alles ist erlaubt» (Nietzsche) dominiert am Ende der Dauerkonsument, dessen einziges Interesse schließlich auf Rundumbefriedigung zusammenschrumpft.

Im permissiven Erziehungsstil sah Korczak so etwas wie einen vernünftigen Tagtraum, aber gleichzeitig entdeckte er an ihm eine problematische Seite. *Es ist unangenehm, etwas abzuschlagen, unangenehm zu verbieten, unangenehm zurechtzuweisen, auch zu bestrafen ist unangenehm, ebenso Zorn und Leid zu erwecken, und umgekehrt ist es angenehm, Freude, Lachen und Zufriedenheit auszulösen.*[86] Sensible Erzieher neigen dazu, unangenehmen Situationen und Konflikten aus dem Weg zu gehen. Korczak hat Bedenken: *Vermeiden wir das, was unangenehm ist?*[87] Epikur, der Philosoph der Lust und Freude, hätte dazu ermuntert: Vermeide das Unangenehme, und tue nur das, was dir Lust verschafft. – Korczak denkt hier anders. *Damit ist es nicht getan, mit diesem: «Mach, was du willst» und dem «Ich tu, ich kaufe, ich gebe dir alles, was du magst...»*[88] Kritisch stellt er die Frage: *Hat diese träge und kurzsichtige Gutmütigkeit nicht ihren Ursprung in Faulheit und Egoismus? Vermeiden wir das, was unangenehm ist?*

Es ist leichter, sich nicht anzustrengen, bequemer, nicht das zu tun, was unerfreulich ist, bequemer, unrechte Taten zu tolerieren, Schuldige oder Leichtsinnige zu beschützen.[89] Eine Pädagogik der Konfliktvermeidung bietet Kindern kaum eine Chance zur Auseinandersetzung und zur Erfahrung. «Tu, was du willst», das kann – unter Umständen – eine tiefe Verachtung und Gleichgültigkeit zum Ausdruck bringen, in der die Kinder sich selbst überlassen werden, weil man – seine Ruhe haben will.

Erziehung ist – aus der Perspektive des Erwachsenen – die Schwierigkeit, «Nein» sagen zu können. *Das kindliche «Gib her» und sogar die nur wortlos ausgestreckte Hand müssen auf unser «Nein» stoßen; und von diesem ersten «Du bekommst es nicht», «das kann man nicht», «das ist verboten» hängt ein sehr großes Stück Erziehung ab.*[90] Und weiter heißt es: *Durch Verbote stärken wir immerhin seinen Willen, wenn auch nur in der Selbstbeherrschung und Entsagung, wir entwickeln seine Phantasie, auf engem Raume tätig zu sein, seine Fähigkeit, sich einer Kontrolle zu entziehen. Und wir wecken seine Fähigkeiten zur Kritik. Auch das hat seinen Wert als eine – allerdings einseitige – Vorbereitung für das Leben. Geben wir acht, daß wir, indem wir alles erlauben, nicht um so nachdrücklicher die Willenskraft drosseln, je mehr wir den Gelüsten nachgeben. Hier schwächen wir den Willen, dort vergiften wir ihn.*[91] Das ist noch ein Stück mosaischen Erbes: *Und wir wecken seine Fähigkeiten zur Kritik.* – Lerne unterscheiden, das war der mosaische Imperativ, der hinter allen Verboten stand, die Moses sein Volk lehrte. Der Verlust dieses Vermögens zu unterscheiden ist die seelische und geistige Öde. Ob das Vermögen nur durch Verbote erlernt wird, ist eine andere Frage. Korczak war skeptisch. Er war nicht der Typ eines Pädagogen, der mit Vorliebe solche Themen anschlug. Stellen wie die oben zitierten finden sich in seinem Werk selten.

Korczak mit Kindern, 1935

Das Bild aber, das wir von ihm zu zeichnen versuchen, wäre verfälscht
und einseitig, wenn es lediglich den allzeit freundlichen und verständnis-
bereiten Pädagogen meinte.

Das war ein kleiner Buchbericht, notwendig, denn das Buch gehört zu
Korczaks wichtigsten Schriften, und es zeigt einen Zug seines Denkens:
mehr aphoristisch als systematisch und durchzogen von Erfahrungen.
Kein Ideenpalast, aber auch kein spröde-trockener «Projektbericht». In
der Pädagogik gibt es das selten. Man neigt eher zum Palast oder zum
weißen Kittel. Korczak hat tatsächlich manchmal den weißen Kittel ange-
habt, wenn er die Kinder untersuchte – ein kleines Zimmerchen stand ihm
zur Verfügung – und sie wog und maß. Aber die Akribie des Wissen-
schaftlers war ihm zutiefst fremd. Wissenschaftliche Pädagogik? – Kor-

czak war auch hier skeptisch. Wissenschaft lehrt genaues Hinsehen, lehrt beobachten, distanziert betrachten, lehrt Zurückhaltung. Soweit sympathisierte er mit ihr. Aber sein Traum, seine Idee war: der Pädagoge als Künstler, der Künstler, der hinsehen, beobachten, betrachten kann, aber doch mittendrin ist – «Nähe in Distanz» (Adorno) –, Sympathie, die kaum bemerkbar ist, jedenfalls sich nicht expressis verbis äußert.

1911 habe ich den biographischen Faden abgebrochen. 1911 war im Leben Korczaks das entscheidende Datum: Aufgabe seiner Arztpraxis und Übernahme des Waisenhauses. Dort will ich wieder anknüpfen, um sein eigentliches Werk, das Waisenhaus in der Krochmalnastraße, darzustellen. Doch zum Abschluß noch ein Zitat über das, worin es in diesem Kapitel ging, über Bücher: *Das Buch mit seinen fertigen Formeln hat den Blick abgestumpft und das Denken träge gemacht. Von den Erfahrungen, Beobachtungen und Ansichten anderer lebend, ist das Vertrauen zu sich selbst so sehr verlorengegangen, daß man nicht mehr aus eigener Perspektive sehen will. Als ob das gedruckte Wort eine Offenbarung wäre und nicht das Forschungsprodukt irgendeines Menschen, nur nicht mein eigenes, erzielt irgendwo und an irgendeinem Menschen, nur nicht heute und am eigenen Kind. Und die Schule hat diese Feigheit auch noch gefördert, die Furcht, die eigene Unwissenheit nicht offenbar werden zu lassen.*[92] Und: *Nicht aus Büchern, sondern aus dir selbst! Dann wird jedes Buch zu einer kleinen Kostbarkeit ...*[93]

Das Waisenhaus

*Das Kind ähnelt in jeder neuen Phase seiner
Bewegungen einem Pianisten, der ein gutes
Selbstgefühl haben und vollkommen
ausgeglichen sein muß, um eine schwierige
Komposition spielen zu können.*

(Janusz Korczak)

Im Jahre 1911 verebbt fast Korczaks schriftstellerische Arbeit. Es ist das
Jahr der Internatsgründung, und der Aufbau des Hauses nahm ihn voll in
Anspruch. Erst ein Jahr später erscheint eine neue Erzählung unter dem
Titel *Sława* (*Der Ruhm*; der Titel der deutschen Übersetzung lautet: *Wladek*). Auch in den folgenden Jahren bleibt die literarische Produktion im
Vergleich zur Studentenzeit dünn. Das Waisenhaus war noch eine Idee,
ein Traum, ein Entwurf, und es war Zeit nötig, ehe sich die Verhältnisse
konsolidierten, Zeit und zähe Arbeit. Dann kam der Krieg, Polen geriet
wieder zwischen die kriegführenden Nationen, aber man machte sich
Hoffnungen, daß der Krieg für das Land die ersehnte Unabhängigkeit
nach sich ziehen könnte. Korczak mußte wieder seine Uniform anziehen;
er übernimmt die Leitung eines Divisionslazaretts, hält sich lange in Kiew
auf und lernt dort einen für seine spätere Arbeit wichtigen Menschen
kennen, Maryna Falska.[94]

Maryna Falska war ein Jahr älter als Korczak. Geboren 1877, stammte
sie aus einer landadligen Familie. Schon als junges Mädchen schloß sie
sich einem Warschauer Wohltätigkeitsverein an und engagiert sich in der
Sozialarbeit. Sie wird Mitglied der Sozialistischen Partei. In den damals
herrschenden politischen Verhältnissen war die Grenze zwischen Legali-
tät und Illegalität hauchdünn. Maryna jedenfalls muß viel riskiert haben:
1901 wird sie verhaftet und für ein Jahr nach Vologodzk im Inneren Ruß-
lands verbannt. Nach ihrer Rückkehr in die Heimat heiratet sie den Arzt
Leon Falski, der unter tragischen Umständen während der Bekämpfung
einer Epidemie in der kleinen Stadt Wołożno an Flecktyphus erkrankt
und stirbt. Kurz darauf verliert Maryna ihr einziges Kind.

Seitdem widmete sie sich ganz dem Erzieherberuf. Während des Kriegs
geht sie nach Kiew und gründet mit einer Gruppe von Studentinnen ein

Kinderheim. Dort lernte Korczak sie kennen. Korczak interessierte sich stark für die Arbeit und besuchte regelmäßig das Heim, half, wo er konnte, und gehörte bald zum Haus dazu. Mit Maryna muß er sich verstanden haben. Denn 1919 – für Korczak war der Krieg noch nicht zu Ende; während des Sowjetisch-Polnischen Krieges arbeitete er als Arzt in einem Seuchenlazarett in Łódź – 1919 kehrt Maryna Falska nach Warschau zurück und gründet dort im Stadtbezirk Pruszków in der Cedrowastraße ein Kinderheim. Nach seiner Heimkehr aus dem Krieg unterstützte Korczak Maryna in ihrem neuen Haus – «Nasz Dom» («Unser Haus») nannten sie es –, und obwohl die Verhältnisse sehr dürftig waren, war die gemeinsame Arbeit erfolgreich. Jahrelang bemühte sich Korczak darum, für die Kinder in der Cedrowastraße ein neues Haus zu gründen, das mehr Möglichkeiten bot und in dem die Kinder besser leben konnten und besser untergebracht waren. Nach zähen Verhandlungen gelang es, am Stadtrand in Warschau-Bielany ein Grundstück zu erwerben, und dort entstand das neue «Nasz Dom», das 1928 schließlich bezugsfertig war. Hier war Korczaks zweites Wirkungsfeld. Doch sein eigentlicher Ort war das Haus in der Krochmalnastraße, das er bis zum Ende seines Lebens, also über dreißig Jahre lang, leitete.

Schnell schreiben und lesen sich solche Zahlen – dreißig Jahre, gemessen an den heutigen Lebenserwartungen mehr als die Hälfte des Lebens. Dreißig Jahre eingespannt in die aufreibende Organisation und Leitung eines Waisenhauses. Was ist in diesen Jahren geschehen? – Was erwähnenswert, was von besonderer Bedeutung? – Sicher: Werke sind zustande gekommen, über die noch zu berichten sein wird. Korczak unternahm zwei längere Reisen – nach Palästina, und auch davon wird noch die Rede sein. Der Erste Weltkrieg, die russische Revolution, die Unabhängigkeit Polens seit 1918. Stichdaten der politischen Geschichte, die auch ihre Spuren im Leben der einzelnen hinterlassen. – Aber die Tage, die unscheinbar und weniger auffällig vorübergingen? – Die wenig Stoff zum Erzählen und Berichten bieten? – Wie kann man ihnen im nachhinein gerecht werden? – Dreißig Jahre Dienst in einem Waisenhaus: Das war der Hauptinhalt von Korczaks Leben. Hundert und aberhundert kleine Pflichten, Aufgaben, Sorgen. *Was sind deine Pflichten? Wachsam sein. Wenn du Aufseher sein willst, brauchst du nichts zu tun. Wenn du Erzieher bist, dann hast du einen sechzehnstündigen Arbeitstag, ohne Pause, ohne Feiertage – einen Tag, der aus Arbeiten besteht, die sich weder beschreiben noch wahrnehmen noch kontrollieren lassen, und aus Worten, Gedanken und Gefühlen besteht, die tausend Namen haben.*[95]

Korczak nahm das wörtlich: Sechzehn Stunden Arbeit am Tag war die Regel. Ferien gab es nicht, und im Interesse einer kontinuierlichen Arbeit nahm er das hin. Nur zweimal in den dreißig Jahren verließ er das Waisenhaus für längere Zeit und ging auf Reisen, ausgenommen die Jahre zwischen 1914 und 1919, als Krieg war. Ansonsten bestand sein Leben aus

Maryna Falska

Dienst rund um die Uhr. Und es ist richtig: Was sich in dieser Zeit ereignet hat, worin der Dienst eigentlich bestand, läßt sich weder beschreiben noch festhalten. Nur grob kann man rekonstruieren: Tagesabläufe, Wochenpläne, im Laufe der Jahre gewachsene Institutionen. Dazwischen liegt pädagogischer Alltag: aufstehen, bevor die Kinder wach sind; vielleicht noch einen Kaffee trinken, um selbst wach zu werden; die Kinder wecken; darauf achten, daß sie sich waschen und die Wäsche wechseln; mit ihnen den Schlafsaal aufräumen; sie zum Frühstück führen ... Dann genau wissen: Wer tut was? – Wer hat welche Verpflichtung? – Was können wir heute mit den Kleinen machen? – Wann müssen die Großen zum Unterricht? – Wer schneidet ihnen heute die Haare, wer die Fingernägel? – Die Kranken versorgen. – Ist der Garten in Ordnung? – Weiß die Küche Bescheid, daß heute einige später kommen und später essen müssen? –

«Nasz Dom» in Warschau-Bielany

Draußen liegt noch Abfall von gestern. – Oben ist ein Fenster zerbrochen. – Die dritte Scheibe in einem Monat. – Für wann hat sich der Besucher angemeldet? – Was, kein Papier mehr! – Die Hose muß zur Näherin. – Wann warst du gestern zurück...

Pädagogen haben Angst vor dem Chaos, und sie haben gute Gründe dafür: Wenn diese Kleinigkeiten nicht organisiert sind, läuft nichts. Hundert Kinder, hundert verschiedene Schicksale, hundert Fragen am Tag, manchmal in einer Stunde. – Das war Korczaks pädagogischer Alltag. Praktiker kennen das. Wie er diesen Alltag meisterte, ohne an den Belastungen zu verhärten oder ihrer überdrüssig zu werden, bleibt sein Geheimnis. Es gab Phasen der Resignation: Ärger mit Kollegen, Sorgen um Kinder, die es einem nicht leicht machten, Überarbeitung, wirtschaftliche Engpässe und dann hundert Kinder um sich herum. Die meisten Korczak-Biographien zeichnen davon ein eher harmlos-idyllisches Bild, und in fast allen Biographien taucht er auf: der stets zu Späßen aufgelegte, gütige Doktor, umgetan mit grüner Schürze, im Kreis einer fröhlichen Kinderschar. Lapidar heißt es bei Alicja Szlązakowa: «... und er liebte sie alle.»[96]

So einfach wird das nicht gewesen sein. Ein Haus mit hundert Kindern zu führen, ihnen einen Ort zu schaffen, an dem sie wohnen und leben können, dazu bedurfte es mehr als einer freundlich aufgeschlossenen Gesinnung, und vielleicht hat Peter Härtling recht, wenn er schreibt: «Ich weiß nicht, ob Korczak, der sich der Unmenschlichkeit opferte, um ihr im

Namen seiner Kinder zu entgegnen, nicht doch noch zu verlieren droht. Unsere Zeit gibt gedankenlos preis, was er mühevoll errang.»[97] Der Doktor – wie er noch heute von einigen ehemaligen Mitarbeitern respektvoll genannt wird –, der Doktor mit der grünen Schürze: Das ist das Bild, das sich dem sporadischen Besucher des Waisenhauses, der sich für zwei, drei Stunden dort aufhielt, eingeprägt haben mag; und man erzählt immer wieder die Geschichte, ein Besucher habe ihn einmal mit dem Hausmeister verwechselt, und Korczak habe dieses Verwechslungsspiel zunächst mitgemacht.

Die Erinnerung verklärt, vor allem im Falle Korczaks ist das bis ins Legendäre hinein geschehen. Das Schwankende, Trübe, Kritische gerät dabei aus dem Blick, das, was ein Leben erst bewegt und lebendig macht. Welche Erlebnisse etwa gingen den folgenden Sätzen voraus? *Er fühlt, daß ihm der Schwung verlorengeht, der ihn mit frischer Kraft die Arbeit beginnen ließ und ihn trug, auch ohne daß es jemand befahl. Früher hatte es ihm Freude gemacht, daran zu denken, wie er ein kleines Fest veranstalten, eine Überraschung für die Kinder vorbereiten könne. Ihm lag sehr daran, dem grauen eintönigen Leben des Internats neue fröhliche Züge zu verleihen. Jetzt freut er sich schon, wenn er in sein Tagebuch jenes hoffnungslose «Alles beim alten» eintragen kann. Wenn keinem Kinde schlecht geworden ist, wenn keine Fensterscheibe eingeschlagen wurde und wenn es keine harten Worte gegeben hat, dann bedeutet das schon, daß der Tag gut überstanden wurde. Er büßt seine Energie ein: kleine Vergehen nimmt er absichtlich nicht wahr; er gibt sich alle Mühe, eben nur das zu sehen und zu erfahren, was unbedingt notwendig ist.*

Er verliert seine Initiative: früher brauchte er nur ein paar Bonbons oder ein Spielzeug für die Kinder geschenkt zu bekommen, und schon entwickelte er einen Plan, wie dieser gute Zufall am besten genutzt werden könne. Jetzt verteilt er die Leckereien rasch: nur gleich fort damit, sonst gibt es doch nur wieder Streit, Klagen und Forderungen. Ein neues Gerät, ein neuer Gegenstand – da heißt es wieder aufpassen, damit die Kinder ihn nicht ruinieren. Ein Blumentopf auf dem Fensterbrett, ein Bild an der Wand – so viel ist zu tun, aber er weiß nicht was, er will nicht, oder er kann auch nicht. Schließlich bemerkt er das alles auch nicht mehr. Er verliert den Glauben an sich selbst. Früher gab es kaum einen Tag, an dem er nicht etwas Neues an den Kindern oder an sich selbst entdeckte. Die Kinder waren ihm zugetan – jetzt meiden sie ihn. Liebt er sie wohl noch? Er ist schroff, manchmal sogar brutal.

Vielleicht wird er sich bald nicht mehr von jenen unterscheiden, denen er ein Vorbild sein wollte, deren innere Kälte, Passivität und Nachlässigkeit er verabscheute?[98] Korczak spricht allgemein von «ihm», und genau weiß man nicht, wer gemeint ist. Sind es Selbstbeobachtungen, die hier einfließen? – Vielleicht sogar in selbsttherapeutischer Absicht: Man malt den Teufel an die Wand, wenn man ihn loswerden will, und daher das ab-

strakte und allgemeine «er»? – Überarbeitung, Überforderung, Resignation, die Litanei des Praktikers, ein kleiner Leidensweg (gemessen an den
wirklichen Leiden), aber schmerzhaft und manchmal ein Leben ruinie-
rend.

*Einmal sagte er sich: ich will, ich soll, ich müßte; dann wieder das hoff-
nungslose: lohnt es sich denn überhaupt?*

*Die theoretischen Grundsätze sind mit der persönlichen Erfahrung des
Alltags so sehr durcheinandergeraten, daß er den Faden verloren hat – je
länger er nachdenkt, desto weniger versteht er.*[99] Und dann wieder hoff-
nungsvolle Passagen, voller Schwung und Verständniswillen: *Unter dem
gleichen Kittel schlagen hundert verschiedene Herzen, und jedes einzelne
ist für dich schwierig, bedeutet andere Mühen, andere Sorgen und Befürch-
tungen. Hundert Kinder – hundert Menschen, die nicht irgendwann einmal, sondern schon jetzt, schon heute Menschen sind. Keine Liliputwelt,
sondern eine richtige Welt mit ihren Werten, Tugenden, Lastern, Bestrebungen und Wünschen, die durchaus nicht klein und gering, sondern wichtig sind, und nicht unschuldig, sondern eben menschlich.*[100] Vermutlich
seltene Augenblicke, nach denen solche Sätze geschrieben werden konnten; helle Stunden, die Distanz von den üblichen Reibereien gestatten
und die täglichen Kämpfe vergessen machen. Dagegen die immerwähren-
den, nie endenden Konflikte, die gar nicht zu lösen sind, höchstens zu
besänftigen oder – mit einiger Diplomatie – zu umgehen. *Ein Kind, das
immerfort etwas zu fragen hat, das sich oft beklagt und sein Verlangen unter
Tränen vorbringt, das die Gesellschaft der anderen Kinder nicht liebt, das
sich dir aufdrängt, andauernd etwas nicht weiß, um etwas bittet, was es
gerade braucht, und immer etwas Wichtiges vorzubringen hat. Ein Kind,
das ungehörig antwortet, das Personal beleidigt, sich zankt und herumge-
schlagen hat, das mit Steinen geworfen, das mutwillig etwas zerbrochen
oder zerrissen hat, das einen wissen läßt, daß es nicht will.*

*Ein empfindsames und launisches Kind, dem eine kleine Rüge, ein un-
freundlicher Blick schmerzlich sind, und das kühle Gleichgültigkeit als
Strafe empfindet. Ein liebenswerter Lausbub, der dir den Ausguß mit
Steinchen verstopft, an der Türklinke schaukelt, den Wasserhahn abdreht,
den Ofenschieber schließt, die Wand mit Buntstiften vollkritzelt, mit einem
Nagel die Fensterbretter zerkratzt und Buchstaben in die Tischplatte
schneidet. Unglaublich erfinderisch, aber unberechenbar.*

*Das sind die Räuber deiner Zeit, die Tyrannen deiner Geduld und die
Gärstoffe in deinem Gewissen. Du kämpfst gegen sie an, aber du weißt, es
ist nicht ihre Schuld.*[101]

Eine andere Szene aus dem Frühdienst: *Um sechs Uhr stehen die Kinder
auf. Du hast ihnen nur zu sagen: «Steht auf, Kinder!» – nicht mehr. Wenn
du nun hundert Kindern sagst, sie sollen aufstehen, dann erheben sich achtzig, die keinerlei Schwierigkeiten machen; sie kleiden sich an, waschen sich
und warten auf den Ruf zum Frühstück. Aber acht Kindern mußt du es*

zweimal sagen, fünfen dreimal, daß sie aufstehen sollen. Drei mußt du anschreien, zwei aus dem Schlaf wecken. Eines hat Kopfschmerzen: es ist krank, aber vielleicht täuscht es das nur vor. Neunzig Kinder ziehen sich an, aber zweien mußt du helfen, denn sie kommen allein nicht zurecht. Einem ist ein Strumpfband abhanden gekommen, eines hat Frostbeulen an den Fingern und kann sich nicht ankleiden. Ein anderes hat sich seinen Schnürsenkel verknotet. Eines stört das andere beim Bettenmachen. Da will jemand die Seife nicht hergeben; ein anderer drängt sich vor und spritzt beim Waschen; jemand hat ein Handtuch vertauscht oder gießt Wasser auf den Fußboden. Ein rechter Schuh sitzt am linken Fuß, das Handtuch läßt sich nicht aufhängen, weil der Anhänger abgerissen ist; jemand hat die Bluse fortgenommen – eben war sie noch da. Einer heult: das ist seine Schüssel, in der er sich immer wäscht; aber der andere ist heute früher dagewesen.

Für achtzig Kinder hast du fünf Minuten deiner Zeit gebraucht, zehn haben je eine Minute für sich in Anspruch genommen, und mit zweien warst du fast eine halbe Stunde beschäftigt.

Morgen wird es wieder so sein; nur wird ein anderes Kind etwas verlieren, nicht zurechtkommen, sein Bett unordentlich zurücklassen. Das gleiche Lied einen Monat, ein Jahr, fünf Jahre lang.[102] Für Korczak waren es dreißig Jahre. Der Bericht, den er gibt, ist ganz realistisch: das ist «praktische Pädagogik», so sieht es aus, daran kann man verzweifeln oder – vielleicht – wachsen. Und Korczak nahm diese Kämpfe ernst. Immer wieder spürte er, daß gerade im Sich-Einlassen auf diese Welt der Kinder *mit ihren Werten, Tugenden, Lastern, Bestrebungen und Wünschen* die schlimmste Gefahr des Erziehers lauern kann: nämlich im Trubel der Konflikte seine moralische Integrität zu verlieren. Kinder merken das schnell, und sie haben ein feines Gespür für das latent Böse ihres Gegenübers, und dann geschieht es manchmal schnell, daß die besten Ansprüche und Selbstanforderungen über Bord geworfen werden und Polemik und Aggressivität die Verhältnisse bestimmen.

Korczak schreibt dazu: *Jetzt ein anderes Ereignis. Ein Internat. Ein weiblicher Zögling von vierzehn Jahren, mit schlechter Beurteilung. Ohne anzuklopfen, geht sie in die Kanzlei, um als Diensthabende die Scheibe mit dem Wischlappen zu putzen. Zu allem Übel schlägt sie die Tür laut zu. Sie wird heruntergemacht. Die nervösen Erzieher kennen solche Ausbrüche, die ehrlichen schämen sich ihrer und fürchten sie. So mit Worten prügeln, so einen Menschen schnöde behandeln – das vermag nur pathologische Ungeduld: Drohung, Schimpfworte, aufstachelnde Ermahnungen, boshafte Invektiven. – Du hast das absichtlich gemacht, du bist so und so eine, ich werde dich so und so anfassen, du denkst, ich habe das und jenes vergessen.*

Zur Antwort ein Blick – nicht dreist, nicht ängstlich, nicht gleichgültig, eher verwundert. – Was ist geschehen? – Mach dich sofort weg. Nach eini-

*gen Augenblicken trifft man sie am Ende des Korridors, den Blick durchs
Fenster gerichtet. Daneben auf dem Fenster eine Schüssel mit Wasser und
der Wischlappen! Vorsichtig, als Mittler, trete ich zu ihr.*

*– Ärgere dich nicht; das Fräulein ist müde, sie fühlt sich nicht wohl. Man
darf die Türen nicht zuschlagen. – Ich hab es nicht gewußt. – Na, eben.
Entschuldige dich. Man muß Türen behutsam zumachen. – Was für Türen? Ich weiß nicht, wovon Sie sprechen. – Du hast einen Rüffel bekommen. – Ich? Wann? – Eben erst, in der Kanzlei. – Ich weiß es gar nicht
mehr.*

*Und mit matter Stimme, eher ein Bekenntnis zu sich selbst: – Ich habe
alles so dick. Mir ist alles so egal. Sie denken vielleicht, ich tu nur so? – Ich
hab wirklich nicht gemerkt, daß die Tür zuschlug. Ich ärgere mich gar
nicht. Ich weiß nicht mehr, was man zu mir sagt.*

Dieser Blick, diese Stimme – Erzieher müssen sie kennen …[103]

Auch das: «praktische Pädagogik». – Erlebnisse und Erfahrungen aus
dem Heimalltag. – Korczak beschönigt nichts: So geht es zu, und moralische Imperative nützen hier wenig. Viel einflußreicher und bestimmen-

Schlafsaal im Waisenhaus

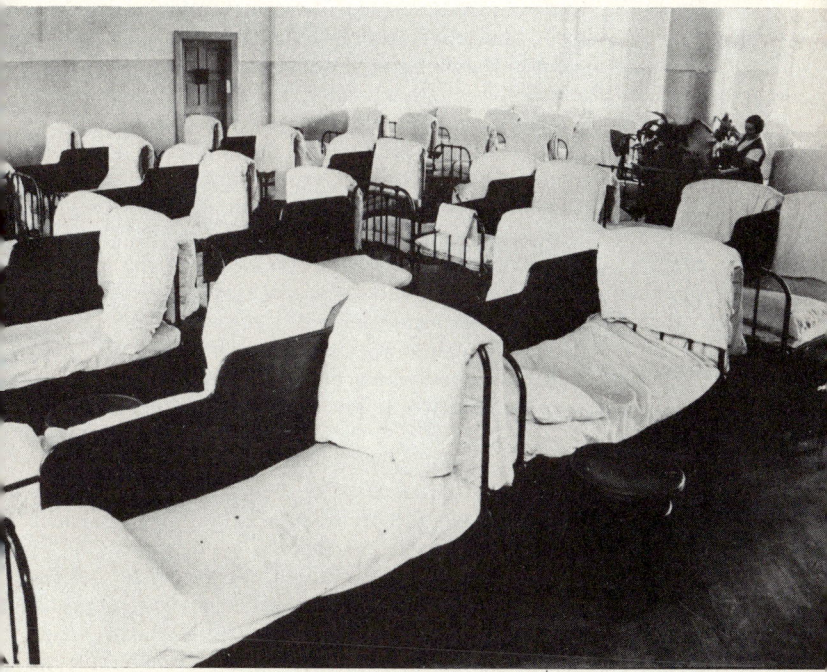

der ist das, was jenseits der moralischen Postulate und Bekenntnisse liegt: der herrschende Umgangston etwa, die Art, Konflikte durchzustehen und – darauf setzte Korczak manchmal seine letzte Karte – die Fähigkeit und Bereitschaft zur Selbstkritik, zur Prüfung der eigenen Fehler, ohne dabei in der Logik der Schuldzuweisung zu verharren.

Hier hat Korczak sich selbst und seinen Mitarbeitern Schwerstes abverlangt, und die Vermutung ist wohl berechtigt: Ein bequemer Internatsleiter wird er nicht gewesen sein. Was wird etwa die in der oben zitierten Passage genannte Erzieherin gedacht und gesagt haben, nachdem sie Korczaks Aufsatz, der in einer pädagogischen Zeitschrift veröffentlicht wurde, gelesen hatte? – Bemerkte sie die Anspielung? – Erkannte sie sich wieder? – Erkannte sie den Anspruch, der hinter den Zeilen stand? – Wir ahnen, wie ernst es Korczak mit dem Satz war: *Das Kind hat ein Recht auf Achtung.* Immer wieder kommt Korczak in den dreißig Jahren seiner schriftstellerischen und pädagogischen Arbeit auf diesen Satz zurück. Und auch hier beginnen wir zu ahnen, warum diese fortwährende Wiederholung nötig war. Denn wie schnell verliert man die Geduld, wie schnell ist man selbst der Gefangene kindlicher Spontaneität und läßt sich zu Bemerkungen hinreißen, die man schon Sekunden später bedauert.

Das Recht des Kindes auf Achtung – für Korczak war das keine Feiertagsformel. Es war der Maßstab täglichen Verhaltens, der hinabreichte bis in die unscheinbarsten Handlungen, Gesten und Sätze, und weil Korczak es mit diesem Maßstab sehr genau nahm, sind seine Berichte über den Alltag in der Krochmalnastraße alles andere als pädagogische Idyllen. Die Berichte haben eher eine Tendenz zum Pessimismus, und in ihnen lebt etwas von dem alten stoischen Ethos wieder auf, hohe Erwartungen und Ansprüche zu haben, aber damit zu rechnen, daß nur wenig davon eingelöst wird. In einer Tagebuchnotiz aus dem Jahre 1942 heißt es: *Dostojewskij sagt, daß sich alle unsere Träume im Laufe der Jahre erfüllen, jedoch in einer so entstellten Form, daß wir sie nicht wiedererkennen,* und Korczak fügt hinzu: *Ich erkenne meine Träume ... wieder.*[104] Noch im entstellten Traum bleibt ein Moment seines Urbildes erhalten und verbindet sich mit den schwerfälligen Verhältnissen, die wir «Wirklichkeit» nennen, und verleiht diesen einen Schein von Schönheit und von der Idee des richtigen Lebens.

Korczak war in erster Linie Praktiker. Die Theorie war begleitende Reflexion, erzählendes Darstellen von Erlebnissen und Erfahrungen. Manche Autoren sprechen von «poetischer Pädagogik»[105].

Zum praktischen Selbstverständnis dieser Pädagogik gehörte, daß Erziehung als Einheit, als Lebenszusammenhang verstanden wurde, was für Korczak und seine engsten Mitarbeiter einen geradezu katastrophalen Dienstplan zur Folge hatte. Sie mußten immer dasein und zur Verfügung

Korczak mit Kindern in der Sommerkolonie

stehen. Ihre Freizeit beschränkte sich auf ein Minimum, und das nicht nur, weil die finanziellen Verhältnisse es so verlangten, sondern weil es zu den Grundsätzen der pädagogischen Arbeit gehörte, als Erzieher so vielfältig wie nur möglich tätig und für die Kinder eine dauerhafte und feste Bezugsperson zu sein. Bewußt arbeitete Korczak gegen die Arbeitsteilungstendenz im modernen Erziehungswesen, das den Fachlehrer erst hervorgebracht hat: *So beschaffen wir den Kindern ... eine Kindergärtnerin, Lehrer und Lehrerinnen, Lehrer für Kunsterziehung, sie lernen Fremdsprachen, Geschichte, Algebra, Musik, Zeichnen, Singen, Tanzen ... Lehren wir die Kinder, wie man ... leben soll ...?*[106] Theoretisch hat Korczak diese Frage nie beantwortet. Seine Antwort war praktisch, ein dreißigjähriger Dienst, ein zuverlässiger, dauerhafter und phantasievoller Umgang mit Kindern.

Dementsprechend hohe Anforderungen stellte er an die Qualifikation seiner Mitarbeiter. Von fachpädagogischer Ausbildung schien er nicht allzuviel zu halten, jedenfalls war sie für ihn nicht das ausschlaggebende

Stefania Wilczyńska

Kriterium. Bissig bemerkte er einmal, er wolle ein Kind lieber einer alten Amme anvertrauen als einer Entwicklungspsychologin, und nannte den Namen Charlotte Bühler, deren erste Werke zur Entwicklungspsychologie damals erschienen. Statt pädagogischer Fachausbildung schätzte Korczak als Qualifikation eine umfassende Bildung, handwerkliches Können und musisches Talent. Selbst konnte er mit den Kindern musizieren, führte mit ihnen Theaterstücke auf, schrieb für sie, bastelte mit ihnen, erfand Spiele, leitete sie im Haushalt an, ging mit ihnen wandern, und sogar die Krankenpflege vertraute er den älteren Kindern an, nachdem er sie gründlich unterrichtet hatte.

Korczaks engste Mitarbeiterin im Dom Sierot war Stefania Wilczyńska, die bis zur Auflösung des Waisenhauses durch die SS-Truppen im Sommer 1942 mit ihm zusammen das Waisenhaus leitete. Stefania war fünfundzwanzig Jahre alt, als sie 1911 in die Krochmalnastraße zog, um dort als Erzieherin zu arbeiten. Geboren wurde sie am 26. Mai 1886 in Warschau. Auch sie stammte wie Korczak aus einer assimilierten jüdischen Familie, sie besuchte die Sikorska-Schule in Warschau und studierte nach dem Abitur Naturwissenschaften an verschiedenen Universitäten in der Schweiz und in Belgien. Hanna Mortkowicz, die sie noch persönlich kennengelernt hat, schreibt: «Wenn nicht ihr Organisationstalent, ihr nüchterner Sinn für Wirklichkeit, ihre behütende Umsicht gewesen wären, dann hätten Korczaks Reformen und Ideen niemals auf solch sicheren und soliden Fundamenten geruht.»[107] Und weiter heißt es: «Frau Stefa war immer da. Man konnte mit den winzigsten Sorgen zu ihr kommen, mit frohen und betrüblichen Dingen, mit einem Riß im Hemdsärmel und einem Klecks im Heft.

Die Kinder bei der Gartenarbeit

Den kleinen, schmächtigen Mädchen kam sie wie eine Riesin vor, stark energisch und doch liebevoll. Sie war leidenschaftlich in ihrem Zorn wie ihrer Freude, bisweilen sogar ungerecht, sie strafte und liebkoste mit der ganzen Kraft des Gefühls ... Die Kinder vergötterten sie und fürchteten daher um so mehr ihren Zorn.»[108]

Viele Menschen haben ähnliche Erinnerungen an sie und beschreiben sie als eine lebendige, leidenschaftliche Frau, die darüber hinaus wohl in der Krochmalnastraße das realistische Prinzip verkörperte gegenüber dem phantasievollen und mitunter großzügig planenden Korczak. Auf Stefania gehen eine Reihe von praktischen Einrichtungen zurück, die – als täglich wiederkehrende Rituale – das Zusammenleben mit hundert Kindern erst ermöglichten. Denken wir nur an praktische Probleme wie diese: In einem Haus mit hundert Kindern müssen mindestens zweihundert paar Schuhe geputzt werden, die Wäsche muß in Ordnung gebracht, das Haus gepflegt und repariert, die Schränke aufgeräumt und die Zimmer geputzt werden. Eine Fülle von kleinen Aufgaben, die nur zum Teil von einem dazu zur Verfügung stehenden Personal übernommen werden konnten – man hatte einfach zuwenig Leute – und bei deren Bewältigung den Kindern ihrem Alter entsprechend Verantwortung übertragen wurde. – Ein anderes praktisches Problem: Wie schafft man es, daß hundert Kinder regelmäßig zu einer bestimmten Zeit zum Essen kommen? – Gerade bei den gemeinsamen Mahlzeiten legte Korczak großen Wert auf Pünktlichkeit.

Das sind Fragen, die im Interesse eines einigermaßen intakten Zusammenlebens in einem so großen Haus wie dem Dom Sierot nicht unwesentlich sind, und auf diese Fragen wußte Stefania Wilczyńska Antworten. Sie schuf Regeln und ritualisierte Abläufe und übertrug den Kindern praktische Aufgaben, richtete Ordnungsdienste ein und leitete die Kinder in der Haushaltsführung an.

Es wäre sicher ein falsches Bild von Stefania gezeichnet, wenn man sie als Ordnungsbesen des Waisenhauses sich vorstellen würde. Ordnung hatte für sie eine schlichte lebenspraktische Funktion: das Ermöglichen von Zuverlässigkeit, Orientierung und Häuslichkeit und – was ganz wesentlich ist im Zusammenleben mit Kindern – den Abbau von Konfliktstoff. Ist das Gröbste geregelt, so kann Energie frei werden für anderes. Korczak und Stefania wollten keine gedrillten Kinder, die pünktlichst auf die Minute dort erscheinen, wo sie erscheinen sollten. Sie wollten lediglich ein geregeltes Zusammenleben schaffen und dafür sorgen, daß durch lebenspraktische Erfahrungen Verläßlichkeit und ein Mindestmaß an Rücksichtnahme im Bewußtsein der Kinder heranreiften. Stefania, eine begabte Frau, reich an Fähigkeiten und Talenten, verstand es, sich und die Kinder in das Abenteuer des Zusammenlebens zu verwickeln. Langeweile war für sie der schlimmste Zustand, in den Kinder geraten können.

Korczak dachte genauso, und er lastete es nie den Kindern an, wenn sie nicht wußten, was sie mit sich anfangen sollten. Immer führte er die Lage der Kinder z u e r s t auf sich selbst zurück, auf seine Motivationskraft, die nicht immer die beste war, und auf seine Begeisterungsfähigkeit, die – belastet durch die unzähligen Sorgen des Alltags – auch nicht immer von gleicher Stärke war. *Was bin ich euch, wenn nicht Ballast für euren freien Flug, Spinnweb auf euren bunten Flügeln, die Schere, die der blutigen Pflicht genügt, eure keimenden Triebe zu beschneiden.*

Ich bin ein Hindernis auf eurem Weg, der ratlos hin und wider Schwankende, der Krittler, der euch zusetzt, der Unaufrichtige, Verschwiegene, farblos und lächerlich, wenn ich euch überzeugen möchte.[109] Nach welchen Erlebnissen diese Selbsteinschätzung geschrieben wurde, kann ich nicht sagen. Wäre sie die einzige, die wir von Korczak hätten, so wäre sie einfach traurig. Als Moment der Selbsteinschätzung sind die zitierten Sätze jedoch von unschätzbarem Wert. Korczak, der sich durchaus seiner Begeisterungsfähigkeit anderen Menschen und vor allem Kindern gegenüber bewußt war, sah sich nicht nur als Helfer der Kinder, als wohlmeinender Erzieher, den Kindern immer freundlich zugeneigt. Er nahm auch diese Seite des Erzieherberufes für sich an: den Kindern gegenüber nicht nur der freundliche, gute Doktor zu sein, sondern auch ihr Kritiker, jemand, der ihnen zusetzt, und nur genaueste Selbstreflexion – Korczak sprach in diesem Zusammenhang von Selbsterziehung – bewahrt davor, auf dieser Seite sich zu verfestigen. Die meisten Biographien haben sich auf die erste Seite versteift, und deshalb kommt es, daß viele Biographen in Korczak – wie Kazimierz Dębnicki sich einmal polemisch ausdrückte – lediglich einen «heiligen Josef» sehen.[110]

Institutionen

*Das Kind braucht Bewegung, Luft, Licht –
einverstanden, aber auch noch etwas anderes.
Den Blick ins Gelände, das Gefühl der
Freiheit – ein offenes Fenster...*

(Janusz Korczak)

Die ersten Jahre im Dom Sierot waren nicht leicht. Es existierte so gut wie keine Tradition, auf die man hätte zurückgreifen können, und so war Korczak mit seinen Mitarbeitern allein auf die eigene Phantasie und Initiative verwiesen, ein noch ganz unorganisiertes Haus zu einem für alle Beteiligten überschaubaren und verläßlichen Lebensraum zu gestalten. Zu dieser Schwierigkeit, bei Null anfangen zu müssen, kam eine weitere Belastung hinzu: Die Kinder kamen zum größten Teil aus völlig verwahrlosten Verhältnissen, und obwohl sich viele auf das neue Haus gefreut hatten, erlebten sie die neue Umgebung mit ihren neuen Anforderungen als Zumutung. Ausführlich hat Korczak über die ersten Wochen und Monate berichtet. Er schreibt: *Das Haus hätte im Juli fertig sein sollen, es war im Oktober noch nicht vollendet. Und dann kamen an einem dämmrigen, regnerischen Nachmittage mit großem Tumult, erkältet, erregt, müde, mit Stöcken und Knüppeln bewaffnet, die Kinder aus ihrer ländlichen Umgebung in das noch von Handwerkern angefüllte Gebäude ... Ich rechnete damit, daß die Kinder in der neuen Unterkunft, unter den neuen Lebensbedingungen und einer verständnisvollen Betreuung sofort auch die neuen Regeln ihres Zusammenlebens annehmen würden. Aber sie sagten mir den Kampf an, noch bevor ich mir über die Situation klar werden konnte. Ich hatte geglaubt, meine Erfahrungen aus den Sommerkolonien würden mich vor Überraschungen schützen. Ich hatte mich geirrt ...*

Meinen Forderungen begegneten die Kinder mit bedingungslosem Widerstand, den man mit Worten nicht zu brechen vermochte, und Zwang konnte ihre Abneigung nur noch verstärken. Das neue Haus, von dem sie ein ganzes Jahr lang geträumt hatten, wurde ihnen verhaßt. Viel später erst begriff ich die Empfindung der Kinder für ihr früheres Leben. In der mangelnden Ordnung, in dem zigeunerhaften Elend ihrer Lebensbedingungen und bei der Dürftigkeit der vorhandenen Mittel war ein Betätigungsfeld für ihre

1935

freie Initiative vorhanden gewesen: es hatte den Aufschwung von einzelnen Anstrengungen, allerdings nur für kurze Dauer, gegeben, die Phantasie eines überschäumenden Mutwillens, die Bravour eines Kraftaktes, die Notwendigkeit kameradschaftlichen Verhaltens und die Sorglosigkeit im Blick auf den morgigen Tag. Dank der Autorität einiger weniger hatte es hin und wieder Ordnung für kurze Zeit gegeben. Hier nun sollte eine dauerhafte Ordnung kraft einer unpersönlichen Notwendigkeit herrschen. Deshalb also waren die Kinder, auf deren Mithilfe ich am meisten gerechnet hatte, erlahmt und hatten versagt.[111]

So sah es am Anfang aus: ein Berg voller Erwartungen, aber kaum eine Chance, sie realisieren zu können. Korczak hatte sich verrechnet, wenn er glaubte, die Kinder würden dankbar die neuen Lebensverhältnisse annehmen und sie gestalten helfen. Statt dessen leisteten sie Widerstand. *Worin äußerte sich der Widerstand der Kinder? In Kleinigkeiten, die nur ein Erzieher begreifen kann. Sie sind geringfügig, nicht zu fassen, aber um so lästiger, weil sie so zahlreich auftreten. Du sagst an, daß es verboten sei, Brot vom Tisch mitzunehmen, ein Kind fragt, warum das so sein solle, einige verstecken Brot, eines steht demonstrativ auf: ‹Ich hab nicht aufessen können.› – Unter Kopfkissen und Strohsäcken darf nichts aufbewahrt werden: ‹Aber aus der Schachtel verschwindet es.› – Du findest unter einem Kopfkissen ein Buch – der Junge hat gedacht, ‹ein Buch ist erlaubt›. – Einer schließt sich im Waschraum ein: ‹Mach schnell.› Die Antwort: ‹Ich komme gleich.› – Warum hängt es sein Handtuch nicht ordentlich auf? ‹Ich mußte mich doch so beeilen.› – Ein Kind ist beleidigt, drei andere machen es ihm nach. – Beim Mittagessen verbreitet sich das Gerücht, in der Suppe seien Maden – und schon herrscht Einverständnis: sie wollen keine Suppe essen. – Du bemerkst ein paar offenkundige Anführer bei all den Widersetzlichkeiten und ahnst das Vorhandensein mehrerer heimlicher Meuterer. Du siehst, wie alles das hinterhältig verdorben wird, was du schon für gefestigt gehalten hast, du stößt auf unvorhergesehene Schwierigkeiten bei jedem Beginnen. Schließlich weißt du nicht mehr, was eine Zufallserscheinung oder ein Mißverständnis ist und was als Symptom eines bewußt bösen Willens angesehen werden muß. – Ein Schlüssel ist verschwunden, kurz darauf findet er sich wieder, und du bekommst die ironische Bemerkung zu hören:*

‹Sie haben sicherlich gedacht, daß ich ihn versteckt habe?› So ist es, du hast es dir gedacht . . .

Auf die Frage: ‹Wer hat das gemacht?› – erhältst du die stets gleichbleibende Antwort: ‹Das wissen wir nicht.› – Wer hat etwas vergossen, zerschlagen, zerbrochen? Du erklärst, das sei ja nicht weiter schlimm, du bittest, einer von ihnen sollte es doch zugeben. Schweigen – aber nicht aus Furcht, sondern aus dem Schweigen der Verschwörung.[112]

Das sind Anfangserfahrungen, die aus dem Alltag eines Internats und Waisenhauses zwar nicht verschwinden, aber an Gewicht verlieren, sobald sich eine auf Sachlichkeit gründende Regelmäßigkeit in der Lebensführung entwickelt hat. Doch dazu ist große Zähigkeit nötig und die Beherrschung aller Register der pädagogischen Kunst. Alle Erzieher von Rang, die neue Einrichtungen begründeten, hatten mit ähnlichen Schwierigkeiten zu kämpfen, Makarenko zum Beispiel, der Jahre brauchte, um die von ihm geführte Gorki-Kolonie auf ein halbwegs normales Niveau zu heben, oder Pestalozzi, der unendliche Strapazen auf sich nahm, um seinen im Elend aufgewachsenen Kindern wenigstens die Minimalregeln eines vernünftigen Zusammenlebens zu zeigen. Ich nenne diese beiden Erzieher, weil sie sich in ähnlichen Situationen befunden haben wie Korczak. Auch Makarenko fing von vorne an und konnte auf keine intakte

Tradition zurückgreifen, und ähnlich wie das Dom Sierot in der Kroch-malnastraße sollte auch die Gorki-Kolonie eine Heimstätte für die entwurzelten und heimatlosen Kinder werden, in der sie nicht nur untergebracht und materiell versorgt waren, sondern in der sie sich zu Hause fühlen sollten. Das waren Korczaks und Makarenkos Wunschträume, und es bedurfte Jahre anstrengendster Arbeit, ehe von diesen Träumen etwas wahr wurde.

Jede Institution von Dauer trägt das Siegel ihrer Zeit, und so haben auch die Einrichtungen, die Korczak im Laufe der Zeit im Dom Sierot einführte, ihre genaue historische Stelle: Es sind die Jahrzehnte der Reformpädagogik, die in ganz Europa ihre Spuren hinterläßt. Dazu nur einige Stichworte.

Um die Jahrhundertwende gründet Hermann Lietz die ersten Deutschen Land-Erziehungsheime (Ilsenburg, Haubinda, Bieberstein); im Jahre 1900 erscheint Ellen Keys pädagogischer Bestseller «Das Jahrhundert des Kindes». 1906 gründet Berthold Otto seine «Hauslehrerschule» in Berlin-Lichterfelde; ein Jahr später eröffnet Maria Montessori in Rom die «casa dei bambini» und Ovide Decroly in Brüssel die «école pour la vie par la vie». In England entwickelt sich in dieser Zeit die Boy-Scouts-Bewegung und in Deutschland der Bund der Wandervögel um Karl Fischer. 1920 beginnt Makarenko mit seiner Arbeit in der Gorki-Kolonie. Es konstituieren sich internationale und nationale Gesellschaften mit ehrgeizigen Programmen und Namen wie «Internationale Liga der neuen Erziehung» oder «Weltbund zur Erneuerung der Erziehung».

In Europa kam damals alles in Bewegung, was mit Erziehung zu tun hatte. Seismographisch lassen sich die Absichten und Ziele der Reformbewegung an Ellen Keys Hauptwerk «Das Jahrhundert des Kindes» ablesen. Hier fallen zum erstenmal Begriffe wie «Selbstverwirklichung», «Erziehung zur Freiheit», und deutlich artikuliert sich der Widerstand gegenüber einer leistungsorientierten Schule und Erziehung, die nur noch – zweckmäßig, rational, planerfüllend – auf Ausbildung und Sachkenntnisse sich reduziert. Rainer Maria Rilke, der mit Ellen Key befreundet war, hat eine ausführliche Rezension dieses Buches verfaßt. Die Schule seiner Jugendzeit, schreibt Rilke, sei der Ort eines «systematischen Kampfes gegen die Persönlichkeit», und in Anlehnung an Ellen Key heißt es weiter, daß «freie Kinder zu schaffen ... die vornehmste Aufgabe dieses Jahrhunderts sein muß, denn ihr Sklaventum ist schwer und schrecklich; es beginnt, noch ehe sie geboren sind, und endet damit, daß sie schließlich Erwachsene und Eltern, das heißt wieder Unterdrücker von neuen Kindern werden»[113]. Wie ein Nachtrag zu dieser Rezension klingt eine Stelle aus Rilkes Roman «Die Aufzeichnungen des Malte Laurids Brigge», an der es heißt: «Ist es möglich, daß man ‹die Frauen› sagt, ‹die Kinder›, ‹die Knaben› und nicht ahnt (bei aller Bildung nicht ahnt), daß

Ellen Key

Maria Montessori

diese Worte längst keine Mehrzahl mehr haben, sondern nur unzählige Einzahlen?»[114]

Die reformpädagogische Bewegung im ersten Drittel dieses Jahrhunderts war eine Reaktion auf die tief empfundene Unzulänglichkeit des bestehenden Bildungs- und Erziehungswesens. In den verschiedensten Ausformungen dieser Bewegung wirkte ein einheitlicher Impuls: Sie wurde getragen von der Idee der Würde des einzelnen Menschen, von der Achtung und Anerkennung des Menschen als einmalige, unverwechselbare Person. Vom Standpunkt dieser Idee betrachtet erschien das Erziehungswesen, wie es bestand, als gigantisches Unterdrückungssystem, das dringend der Reform bedurfte. Korczaks Polemik gegenüber der bestehenden Schule wurde schon in einem anderen Zusammenhang zitiert. Auch er sah und erlebte die Schule als Ort des «systematischen Kampfes gegen die Persönlichkeit» (Rilke), und aus diesen Erfahrungen wuchsen die Gegenkräfte.

In diesem Klima gründete Korczak das Dom Sierot, und auch wenn er selbst faktisch wenig von der reformpädagogischen Bewegung mitbekam: Ihre Wellen schlugen bis Warschau und darüber hinaus. Aus der Literatur war Korczak der Name Maria Montessori geläufig, und jedem jungen Erzieher, der bei ihm arbeiten wollte, empfahl er die Lektüre von Makarenkos «Pädagogischem Poem». Wichtiger aber als diese Verbindungslinien ist die Frage, wie sich die reformpädagogische Strömung institutionell auf das Waisenhaus in der Krochmalnastraße niedergeschlagen hat.

Igor Newerly, der als junger Mann mit Korczak zusammenarbeitete und später eng mit ihm befreundet war, schrieb einmal, Korczaks pädagogische Arbeit sei von der Idee der Widerlegung Platons und seiner Nachfolger bestimmt gewesen. – Das klingt zunächst weit hergeholt, ist jedoch ein wichtiger Hinweis auf das, was man – mit einiger Vorsicht – Korczaks philosophischen Stil nennen könnte.

Platons Erziehungsbegriff ist verbunden mit der Vorstellung von einer vernünftigen Organisation der Gemeinschaft. Grob zusammengefaßt, kann man sagen: Priorität in Platons Erziehungsvorstellung hat die Gemeinschaft. Der einzelne ist zwar ihr Träger und kann sich – idealiter – mit ihr identifizieren; aber letztlich lebt er für das allgemeine Glück und Wohlergehen. Sein Glück ist abhängig vom Glück aller, und der Sinn des individuellen Lebens ergibt sich aus den Anforderungen der Gemeinschaft. Bei Makarenko und vielen Reformpädagogen um die Jahrhundertwende lebt dieser pädagogische Platonismus wieder auf. Eindeutig hat für Makarenko das Kollektiv Vorrang, dem der einzelne mit seinen Wünschen, Interessen, Ambitionen und Eigenarten untergeordnet bleibt.

Hier unterscheidet sich Korczak grundsätzlich von seinem russischen Zeitgenossen. Für ihn war stets diese Frage virulent: Wie ist es möglich, in einer Gemeinschaft zu leben, ohne von ihr geschluckt oder – im schlimmsten Fall – tyrannisiert zu werden? Oder: Kann es eine Gemeinschaft von Individuen geben – ohne Gruppenzwang, ohne den Druck des Kollektivs, das immer der Stärkere ist? Korczak wollte keine Egoisten heranziehen. Das lag ihm fern. Er wollte Menschen bilden, die lernen zusammen zu leben. Das war seine Idee, sein Traum, und in dieser Idee hat der einzelne Vorrang vor der Gemeinschaft. Immer wieder kommt Korczak auf diesen Gedanken zurück: Irgendwie müßte man mit den Eigenarten jedes Menschen zurechtkommen und leben können, und wenn es nur ein Minimum an Gemeinsamkeiten gibt. Hier knüpft Korczak deutlich an die westeuropäische Tendenz der Reformpädagogik an: an die Idee der Selbstverwirklichung in der Gemeinschaft und einer Individualpädagogik, die das Leben des einzelnen als höchstes Gut schützt und fördert. – Wie oft Korczak Kinder aus seinem Haus verwiesen hat, wissen wir nicht. Es ist vorgekommen; er selbst berichtet davon. Aber es mußte viel geschehen, ehe er sich zu diesem äußersten Mittel, dem Verweis aus dem Haus, gezwungen sah.

Die Einrichtungen, die Korczak im Laufe der Jahre geschaffen hat, stehen alle in der skizzierten antiplatonischen Tendenz. Sie sollten den einzelnen vor dem Druck der Gruppe schützen, ihm Artikulationsmöglichkeiten bieten und ihm helfen, sich mit anderen zu verständigen. Auf den ersten Blick scheinen diese Einrichtungen ganz harmlos zu sein, und man wundert sich über den Ernst, mit dem Korczak über sie redete und schrieb. Da gab es zum Beispiel das Schwarze Brett. Korczak hielt es für äußerst wichtig und meinte, er würde sogar dort eine Tafel aufhängen, wo die Kinder nicht lesen könnten.

Ida Merżan, damals eine junge Mitarbeiterin im Dom Sierot, erzählte einmal, sie habe kein Haus, keine Einrichtung kennengelernt, in dem so viel geschrieben wurde wie in Korczaks Waisenhaus. Das galt nicht nur für Korczak. Das galt vor allem für die Kinder. Jeden Tag hielt Korczak sie an: «Schreib das auf. Halte das fest.» Daß die Erzieher ein Tagebuch führten, war für ihn selbstverständlich. Aber auch die Kinder sollten, wenn irgend möglich, aufschreiben, was ihnen auf den Nägeln brannte. – Bricht hier vielleicht etwas von der alten jüdischen Tradition durch, in dieser Wertschätzung des geschriebenen Wortes, das geschriebene Wort als Bindung und Verpflichtung, hindurchgegangen durch einen wenn auch noch so kleinen Filter der Selbstkritik? – Die Assoziation an die jüdische Schule, in der die Kleinsten im Lesen und Schreiben der Texte unterwiesen werden, liegt nahe.

Mit dem geschriebenen Wort verband Korczak die Erwartung, daß die Kinder lernen, sich selbst einzuschätzen und mit Distanz zu sehen. Darum stellte er ihnen einen Kasten zur Verfügung, in den sie ihre Wünsche, Sorgen und Vorschläge einwerfen konnten. Auch hier wieder: ausführliche Erläuterungen über Sinn und Zweck. Liest man diese Passa-

Das Schwarze Brett im Waisenhaus

gen[115], so wird eines klar: Leicht hat es Korczak seinen Kindern nicht gemacht, wenn er ernsthaft von ihnen erwartete, sich schriftlich zu äußern und dabei *geringfügige und vorübergehende Kümmernisse, Sorgen, Wünsche und Zweifel von wichtigen zu unterscheiden*[116] oder *auf eine Antwort zu warten: sie nicht sofort, nicht auf Zuruf zu erhalten.*[117] Für einen guten Erzieher, meinte er, sei das Tagebuch die einzig angemessene Form, sich selbst gegenüber Rechenschaft über jeden Tag ablegen zu können. Er schreibt dazu: *Da ich das Tagebuch eines Erziehers für bedeutsam halte, gebe ich ein paar Fragmente aus meinen eigenen Aufzeichnungen wieder:*

«Heute habe ich mich ungerechterweise über einen Jungen geärgert. Ungerechterweise, denn er hatte nicht anders handeln können. Aber was soll ich machen, wenn es doch meine Pflicht ist, darüber zu wachen, daß alle Kinder gleiche Rechte haben. Was würde man wohl sagen, wenn ich den einen erlauben wollte, wofür ich die anderen bestrafe?...»

«Die älteren Kinder haben sich gestern abend in meinem Zimmer ver-
sammelt. Wir sprachen über ihre Zukunft. Warum haben sie es so eilig, sind
so sehr darauf erpicht, bald schon erwachsen zu sein? Naiv wie sie sind,
meinen sie, älter zu sein bedeute, machen zu können, was man will. Sie
nehmen nicht die Ketten wahr, die unseren mündigen Willen niederhalten.»

«Wieder ein Diebstahl. Ich weiß, daß unter hundert Kindern auch ein
unredliches sein muß (wirklich nur eines?). Aber trotzdem kann ich mich
nicht darein fügen. Es ist mir so, als empfinde ich allen gegenüber Bitter-
keit.»[118] Solche Notizen vermitteln einen Eindruck von Korczaks Lebens-
weise und der Art, wie sein Beruf mit seinem Leben und seiner Person
verbunden waren. Dazu eine Anmerkung von Hartmut von Hentig:
«Pädagogik ist – wie die Politik oder die Landwirtschaft oder die Alten-
pflege – ein totaler Beruf.»[119] Korczak hätte dieser Satz vermutlich sofort
eingeleuchtet. Für ihn war Pädagogik ein «totaler Beruf», und jede Ver-
rechnung der Arbeit in Stunden wäre ihm als blankes Mißverständnis
pädagogischer Arbeit vorgekommen.

Viel Zeit und Energie verwandte Korczak auf eine regelmäßig im Waisenhaus erscheinende Zeitung: *Eine pädagogische Einrichtung ohne Zei-*
tung scheint mir ein ungeordneter und hoffnungsloser Leerlauf und ein
Herumgeschimpfe des Personals, ein Sich-im-Kreise-Drehen der Kinder
ohne Richtung und Kontrolle zu sein, etwas Sporadisches und Zufälliges,
ohne jede Tradition, ohne Erinnerungen und ohne Entwicklungslinie für
die Zukunft. Eine Zeitung ist ein festes Band, das die eine Woche mit der
nächsten verknüpft und Kinder, Personal und Dienstboten zu einer un-
trennbaren Einheit verbindet.[120] Einige Jahre später (1926) gab Korczak
eine Kinderzeitung heraus, die wöchentlich als Beilage der polnisch-jüdi-
schen Zeitung «Nasz Przegląd» (Unsere Rundschau) erschien. *Mały*
Przegląd (*Kleine Rundschau*) nannte er sie. Kinder arbeiteten in der Redaktion mit, nicht nur Kinder des Waisenhauses, sondern aus ganz Warschau, und noch heute können sich viele Menschen, die damals als Kinder
für die Zeitung schrieben und arbeiteten, genau an diese Zeit erinnern.
Das Blatt wurde ein großer Erfolg, vor allem weil es Korczak gelang,
Kinder dauerhaft zu motivieren, an der Zeitschrift mitzuwirken. Die erste Nummer erschien am 29. Oktober 1926. Vier Jahre später übergab
Korczak die Leitung der Redaktion seinem jungen Mitarbeiter und
Freund Igor Newerly.

Leon Harari, damals ein kleiner Junge von zwölf Jahren, erinnert sich:
«Die ‹Kleine Rundschau› wurde das zweite Zuhause der Kinder. Die Zahl
der Briefe, die die Redaktion erhielt, erreichte schon nach wenigen Tagen
eine dreistellige Zahl und erhöhte sich sehr bald auf etwa 300 Briefe pro
Woche; alle waren mit der Hand geschrieben, und alle wurden (wenn
auch manchmal gekürzt) veröffentlicht. Proteste wurden laut, daß Janusz
Korczak mit seiner Zeitung eine Welle von Graphomania heraufbe-
schwöre, aber Korczak entgegnete: Graphomania ist völlig ungefährlich,

ROK 1. № 1.　　　　　　　　　　Warszawa, dnia 9 października 1926 r

MAŁY PRZEGLĄD

PISMO DLA DZIECI I MŁODZIEŻY
pod redakcją JANUSZA KORCZAKA.

Wychodzi co sobotę
rano.

Korespondencję i materjał kierować należy:
Redakcja „Małego Przeglądu"
Warszawa, Nowolipki 7.

Tygodniowy dodatek bezpłatny do Nr. 277 (1348) „Naszego Przeglądu".

Z SEJMU.

W gazetach najwięcej piszą o Sejmie.

W Sejmie mówili. — Poseł powiedział. — Było głosowanie. — W Sejmie był minister.

Artykuł ty to są długie i nudne. A ja, proszę, że jest pełno nieporozumiałych wyrazów. — Chociaż o Sejmie piszą zawsze najmądrzejsi w każdej redakcji, byłoby lepiej, żeby zaraz tych artykułów było różnie wypadki i co się dzieje ciekawego na świecie.

I ja wolałbym rozpoczynać od czegoś innego, ale mnie rady dopóki nie wymyślimy sobie własnej gazety, musimy najpierw dorosłych. Bo wszystkich piszących i za artykuły wstępne, i my też musimy mieć artykuł wstępny. A później się zobaczy, co robić.

Szkarlatyna.

Dobre narzędzia pracy.

Zaśmiecanie ulic.

HACEFIRA.

Erste Ausgabe der Kinderzeitung

Graphomania ist eine gesunde, wünschenswerte Erscheinung in der kultivierten Gesellschaft. Gefährlicher ist allein das Analphabetentum.»[121] Jeden Donnerstagnachmittag traf sich Korczak mit den Kindern der Redaktion und besprach mit ihnen die nächste Nummer. Wichtig für das Selbstverständnis der kleinen Zeitung und ihrer jugendlichen Mitarbeiter waren die Beiträge über Palästina, für viele die ersten Informationen über das Land der Väter, die erste Identifikationsmöglichkeiten boten in einer Zeit, als der Antisemitismus in Polen beängstigende Züge annahm.

Seit seiner Rückkehr aus dem Sowjetisch-Polnischen Krieg spielte Korczak mit dem Gedanken, für die Kinder des Waisenhauses ein eigenes Ferienhaus zu gründen. So sehr er die Großstadt liebte, immer wieder zog es ihn aufs Land, und für die Kinder suchte er echte Betätigungsmöglichkeiten. Bauen, mithelfen an einem großen Unternehmen, das man mit eigenen Händen schaffen kann – Korczak wußte, daß die Kinder das nötig hatten und sich daran begeistern würden. 1921 bot sich eine Gelegenheit. Dem Verein «Hilfe für Waisen» wurde ein zehn Morgen umfassendes Grundstück mit einem großen Holzhaus in Gocławek in der Nähe von Warschau angeboten; zu einem niedrigen Preis wollte die Warschauer Familie Cohn das Land und das Haus dem Verein überlassen. Bald war die geforderte Summe in einer Spendenaktion bereitgestellt, und der Besitz ging an den Verein über. Korczak konnte nun sein lang erträumtes Projekt verwirklichen. «Różyczka» (Röschen) nannte man die neue Ferienkolonie, in Erinnerung an die Tochter des Spenders, die im frühen Alter verstorben war. Im Laufe der Jahre entwickelte sich hier ein durchorganisierter landwirtschaftlicher Betrieb, der sich selbst tragen und seine Bewohner versorgen konnte. Das ganze Jahr über war das Haus von Kindern bewohnt. Es war ein beliebter Ort, für die Kinder voller Abenteuer, der immer wieder Improvisationen nötig machte, und gerade darin lag der Reiz: unter Bedingungen zu leben, die ein bißchen von der Normalität des geordneten Alltags abwichen; Pfadfinderromantik, aber spannend für die Beteiligten.

Für die Gemeinschaft des Waisenhauses war diese Ferienkolonie sehr wichtig. Man hatte, wenn man hinaus wollte, immer einen Ort, ein Ziel und dazu eine gemeinsame Aufgabe. Ab 1928 lebten dort die Kleinen des Waisenhauses, und die anderen Kinder aus der Krochmalnastraße und aus Maryna Falskas «Nasz Dom» verbrachten ihre Ferien in «Różyczka».

Die Einrichtungen, die am engsten mit Korczaks Namen verbunden werden, sind das Kameradschaftsgericht und der Sjem, das Parlament der Kinder. Die Idee beider Einrichtungen ist einleuchtend: Korczak wollte Instanzen schaffen, die für alle verbindlich und durchsichtig sein sollten. Es ging ihm vor allem darum, die Willkür der Erzieher einzuschränken. Ausführlich hat er in einer Arbeit über das Gericht und das Parlament

Korczak mit Kindern in der Sommerkolonie, 1927

berichtet. Er schreibt: *Wenn ich dem Gerichtswesen unverhältnismäßig viel Platz einräume, dann in der Überzeugung, daß es zum Ausgangspunkt für die Gleichberechtigung des Kindes werden kann, zu einer verfassungsmäßigen Regelung führt und zu einer Verkündung einer Deklaration der Rechte des Kindes zwingt. Das Kind hat ein Recht darauf, daß seine Angelegenheit ernsthaft behandelt und gebührend bedacht wird. Bis jetzt hing alles vom guten Willen und von der guten oder schlechten Laune des Erziehers ab. Das Kind war nicht berechtigt, Einspruch zu erheben. Dieser Despotismus muß ein Ende haben.*[122] Das klingt vernünftig und nach bester demokratischer Tradition: Gleichberechtigung, Einschränkung der Willkür, Schaffung objektiver, sachlicher Instanzen und die Möglichkeit, Konflikte diskursiv, im Gespräch also und durch Verhandlungen zu lösen. Es hat jedoch den Anschein, als ob Korczak mit dieser Idee die Kinder überfordert hat, und wir wüßten gern mehr über diese recht waghalsigen Institutionen.

Problemlos funktioniert haben sie wohl nie, was an vielen Stellen von Korczaks Bericht deutlich wird: *Die Mißachtung des Gerichts war ein Be-*

weis dafür, daß man es in seiner Aufgabenstellung überhaupt nicht verstand. Was noch schlimmer war: man machte sich darüber lustig.

Zu Gericht zu sitzen war für die einen ein Spiel, für die anderen eine unangenehme Pflicht, derer man sich gern entledigen wollte...

Anstatt der Wahrheit zu dienen, verleitete das Gericht zum Lügen, anstatt Aufrichtigkeit zu lehren, unterwies es im Schwindeln, anstatt die Zivilcourage auszubilden, erzog es zur Feigheit, anstatt das Denken anzuregen, machte es die Kinder träge.[123] Und weiter heißt es: Es kam noch schlimmer: die Richter kamen überein, entweder gar nicht zu verurteilen oder ganz milde Urteile zu sprechen. Denn das war bequemer. Schließlich kam es dazu, daß ein Richter einen anderen schlug, weil der so geurteilt hatte, wie es ihm das Gewissen befahl.[124] Man muß, um diese Zeilen richtig zu verstehen, sich vergegenwärtigen: mit den Richtern sind Kinder gemeint, die über ihre Altersgenossen zu Gericht sitzen sollten. Ob das gutgehen konnte? – Es ist zweifelhaft, ob gerade in diesen Einrichtungen Korczaks pädagogische Qualität zum Ausdruck kommt, wie fast alle Biographien suggerieren. Und noch einmal: die Idee ist plausibel, eine sachliche, objektive Instanz zu haben, die hilft, Konflikte zu meistern, oder wie Korczak sich ausdrückte: ...wilde Szenen durch Gedankenarbeit zu ersetzen.[125]

Doch ob es im pädagogischen Bereich auf diesem Wege geschehen kann, einem demokratisch-institutionellen, ist sehr fraglich. Dazu Korczak: Länger konnte man nicht warten: das Gericht nutzte nichts, im Gegenteil, es schadete nur; das Gericht brachte keine Ordnung zustande, im Gegenteil, es richtete ein Chaos an; das Gericht besserte niemanden, im Gegenteil, es verdarb auch die wertvolleren. Ein solches Gericht durfte keinen Tag länger bestehen.[126]

In den bisher verfaßten Biographien werden diese Passagen nicht zitiert, sondern nur die Glanzstücke einer demokratisch-aufgeklärten Gesinnung, und man tut so, als sei darin gar kein Problem und ein Kinderparlament die einfachste Sache von der Welt. Offensichtlich sah und erlebte Korczak das anders. Doch er hielt trotzdem an dieser Idee fest, und in seinem Bericht folgt eine genaue Auflistung der Gesetze, an denen sich das Gericht zu orientieren hatte: Paragraph 1, 2, 3, 4, 5 bis 1000, die allerdings nicht alle ausformuliert waren. Ich möchte diese Paragraphen hier nicht aufzählen, um die Geduld des Lesers nicht zu strapazieren. Ich frage mich nur: Wer hatte damals einen Durchblick durch diesen Wald von Gesetzen? – Wenn das Gericht funktioniert hat, menschlich funktioniert hat, dann nur unter dem stärksten Einfluß seines Erfinders. Korczak hat den Kindern zugemutet, in der Vernünftigkeit diskursiven Handelns sozusagen mit einem Sprung Fuß zu fassen. War es jüdischer Erziehungsanspruch, der sich hier bemerkbar machte, ein Anspruch, wie ihn im Midrach-Kommentar der Rabbi Nathan formulierte: «Wenn ihr in der Kindheit nicht Thora lernen wolltet – wie

Die Thora

wollt ihr es im Alter zuwege bringen?»[127] Das Gesetzbuch des Waisenhauses war eine kleine Thora.

Mehrmals spielte Korczak mit dem Gedanken, das Gericht aufzulösen.
Doch behielt er diese hochkomplizierte Einrichtung bei, auch wenn sie
– nach seinen eigenen Aussagen – zweifelhaft war. Trotz der negativen
Erfahrungen hoffte Korczak darauf, daß die Kinder ein Rechtsbewußt-
sein entwickelten und das lernten, was ihnen oft am schwersten fiel: zu
verzeihen.

Korczak mit Mitarbeitern

Schon in den frühen zwanziger Jahren kümmerte sich Korczak um die Ausbildung junger Erzieher. Er hielt Vorlesungen und gab Kurse am Institut für Sonderpädagogik und an der Freien Polnischen Universität in Warschau. Seine Idee war, junge Leute in die praktische Arbeit in der Krochmalnastraße einzubeziehen und sie durch praktische Erfahrungen mit pädagogischen Problemen vertraut zu machen. So entstanden in beiden von Korczak geführten Waisenhäusern kleine Heime (Bursen), in denen Studentinnen und Studenten untergebracht waren, die neben ihrem Studium die praktische Arbeit kennenlernen wollten. Korczak löste damit gleichzeitig die leidige Personalfrage. Mit Stefania Wilczyńska konnte er die Arbeit kaum schaffen, und der Verein «Hilfe für Waisen» konnte kein zusätzliches pädagogisches Personal anstellen. Hier sprangen die Studenten ein. Verpflegung hatten sie frei, und Korczak steckte ihnen immer wieder Geld zu, wenn er merkte, daß jemand in finanziellen Nöten war. Nach einem festen Dienstplan übernahmen die Studenten stundenweise den Dienst im Haus. Regelmäßig traf sich Korczak mit ihnen zu Besprechungen und Seminaren. Nach Themen brauchte man nicht zu suchen, sie ergaben sich aus der alltäglichen Arbeit und boten Stoff genug zu Gesprächen und Diskussionen.

In den frühen dreißiger Jahren galt es etwas, wenn ein junger Erzieher sagen konnte: «Ich habe mein Praktikum bei Korczak gemacht.» Korczak stellte sich der verfänglichen Frage: Wer erzieht die Erzieher? – Und auch hier war seine Antwort mehr praktischer als theoretischer Art, trotz der Seminare, Kurse und Vorlesungen.[128] Korczak versuchte, den Studenten soviel Verantwortung wie nur möglich zu übertragen, und er verlangte viel: genau beobachten, schreiben, Berichte anfertigen, sich selbst gegenüber Rechenschaft ablegen über jeden Tag. Jóseph Arnon, damals einer der Studenten und in den dreißiger Jahren ein enger Freund Korczaks, erzählt, daß er aus den Seminaren, die Korczak einmal in der Woche gegeben hatte, immer bereichert herausgegangen sei, und das habe weniger an der Thematik der Sitzungen gelegen als an dem Ernst und der Frische, womit über pädagogische Fragen gesprochen wurde. Damals habe sich, berichtet Arnon, sein philosophischer Blick entwickelt, das Kind als Einzelwesen zu sehen, was ihm theoretisch schon lange eingeleuchtet habe, aber in seinem praktischen Sinn bisher verschlossen gewesen sei[129].

Wir haben in diesem Kapitel einige Einrichtungen beschrieben, die Korczak im Laufe der Jahre ins Leben gerufen hat. Es sind nicht alle, aber wohl die wichtigsten, und sie vermitteln einen Eindruck von der Entwicklung des Waisenhauses in der Korchmalnastraße, das am Anfang ein noch ganz unstrukturiertes und unorganisiertes Gebilde ohne eigenes Profil war und sich langsam zu einem unverwechselbaren Organismus entwickelte, mit einer Tradition, die noch heute wach und lebendig ist.

Schreiben und Leben

Trotz seiner umfänglichen und zeitraubenden Arbeit als Leiter des Waisenhauses fand Korczak immer wieder die Zeit zum Schreiben. Die zwanziger Jahre sind, was die schriftstellerische Arbeit betrifft, die produktivsten. 1923 erscheint *König Hänschen I.*, und ein Jahr vorher veröffentlichte Korczak ein kleines Bändchen mit dem Titel *Allein mit Gott. Gebete eines Menschen, der nicht betet.* Es handelt sich im ersten Teil um eine Sammlung von Gebeten, die aus der Perspektive völlig verschiedener Menschen formuliert sind, zum Beispiel das Gebet einer Mutter oder einer Prostituierten oder das Gebet eines Künstlers, eines Gelehrten, eines Erziehers. Im zweiten Teil sind acht Gebete zusammengestellt, die verschiedenen Situationen und Befindlichkeiten zugeordnet sind: ein Gebet der Klage, der Schwäche, der Versöhnung, des Aufruhrs und ein Gebet der Nachdenklichkeit und des Übermuts. Das Buch ist, wie aus Andeutungen noch lebender Zeitgenossen Korczaks hervorgeht, aus einer inneren Krise heraus entstanden, die durch den Tod der Mutter ausgelöst wurde. Die Mutter starb 1920, und Korczak hatte nun bis auf seine Schwester Anna keine Angehörigen mehr. Korczak widmete die Sammlung der Gebete seinen verstorbenen Eltern.

In diesem kleinen Band unternimmt Korczak den unorthodoxen Versuch einer perspektivischen Theologie: Gott ändert sich mit jedem Gebet. Jedes Gebet hinterläßt von ihm eine andere Spur, und so entwickelt sich in den achtzehn Gebeten eine Vielzahl religiöser Ausdrucksformen, die sich sowohl gegenseitig ergänzen als auch einander auszuschließen scheinen. Kindlich naive Frömmigkeit steht neben Hiobschem Aufruhr, Demut und Schwächebekenntnisse neben Stolz und selbstbewußter Stärke.

Mit dem Kinderroman *König Hänschen* befand sich Korczak wieder auf seinem Terrain. Entstanden ist dieses Buch wie auch die anderen Kinderbücher aus einem alltäglich-praktischen Bedürfnis: Was kann man mit den Kindern an den Abenden, zumal im Winter, wenn sie lang werden, machen? Wie kann man die Stunden gestalten, ohne daß Langeweile aufkommt oder die gereizte Apathie sich selbst überlassener Kinder? – Korczak erzählte Geschichten und fand in den Kindern ein dankbares Publikum. Ada Hagari, eine ehemalige Mitarbeiterin, erinnert sich an einen dieser Abende: «Korczak liest seine Geschichte mit ruhiger, etwas monotoner Stimme vor. Von Zeit zu Zeit unterbricht er und prüft die Reaktionen der Kinder – liest er ihnen doch seine neueste Geschichte vor, bevor er sie in Druck gibt. Er prüft den Ausdruck ihrer Augen, was sie zum Lachen bringt und was sie traurig macht, hört ihre Bemerkungen und Zwischenrufe. So lernt Korczak, was dem jungen Leser wichtig und was für ihn nebensächlich ist. Dies ist für ihn die entscheidende Kritik, aus der er die endgültige Fassung der Geschichte schreiben wird ...»[130]

Aus dem Text ist noch etwas von der ursprünglichen Situation spürbar, vor allem an den Stellen, an denen der Erzähler die Geschichte unterbricht und fragend oder kommentierend sich an sein Publikum wendet. Dieses Publikum war einmal konkret, und eine ganze Reihe der jungen Zuhörer fand sich in der Geschichte von König Hänschen wieder: durch Anspielungen auf Orte, Situationen und Charaktere.

Worum geht es in diesem Roman? – Hänschen, ein kleiner Prinz, wird König, nachdem Vater und Mutter gestorben sind. Das kleine Waisenkind soll nun, allein auf sich gestellt, das schwere Amt des Vaters übernehmen. Bald merkt Hänschen, daß er mit dieser Aufgabe völlig überfordert ist. Bei den Erwachsenen findet er wenig Unterstützung, niemand meint es wirklich ernst mit ihm, und erst nach einem gewonnenen Krieg, an dem Hänschen incognito teilnimmt, ist er ein gefeierter und anerkannter König. Nun beginnt er mit einem großen Reformprogramm: Hänschen kämpft für die Rechte der Kinder und wünscht sich, ihr König zu werden. Schulen werden gebaut, Ferienheime errichtet, und schließlich wird ein Parlament eröffnet, das sich der Sache der Kinder annehmen soll. Doch Hänschens Reformen scheitern: Die Kinder wollen die Aufgaben der Erwachsenen übernehmen und stellen dabei die Welt auf den Kopf. Nach kurzer Zeit ist das Land in ein Chaos verwandelt. Wieder bricht ein Krieg aus, denn Hänschens Rivalen sehen ihre große Chance und besetzen das durcheinandergeratene Land. Doch der kleine König wehrt sich tapfer. Am Ende verliert er jedoch durch Verrat die entscheidende Schlacht und wird vor ein Kriegsgericht gestellt, das ihn zum Tod verurteilt. Erst auf dem Hinrichtungsplatz wird der kleine König begnadigt, und das Todesurteil wird in lebenslängliche Verbannung auf eine unbewohnte Insel umgewandelt.

Hier beginnt die Fortsetzung des Romans: *König Hänschen auf der einsamen Insel*. Nach vielen Komplikationen geht Hänschen auf eine einsame, abgelegene Insel in Verbannung. Immer mehr zieht er sich zurück und scheint völlig zu vereinsamen. Doch wieder gerät er in die Wirren eines Krieges, diesmal zwischen den schwarzen und den weißen Königen. Hänschen setzt sich für die in Not geratenen schwarzen Kinder ein. In einer großen Hilfsaktion beschafft er ihnen Lebensmittel und kehrt – nach einer Reihe von Abenteuern – in seine Heimat zurück. Dort wird er herzlich aufgenommen, aber Hänschen mag nicht mehr König sein. Er

will sich seinen Lebensunterhalt selbst verdienen und geht in einer Fabrik arbeiten. Sein alter Freund Fritz schließt sich ihm an. Doch Fritz ist ein aufbrausender Bursche. Während eines Disputs in der Fabrik kommt es zwischen ihm und Hänschen zu einem Handgemenge, Hänschen gerät in eine laufende Maschine, er wird schwer verletzt und stirbt an den Folgen dieses Unfalls.

Soviel im groben zur Geschichte des Romans, dessen Reiz im Detail liegt, in der Art des Erzählens und im Witz der Darstellung. Viele Deutungen hat der Roman bisher erfahren. Die antiautoritäre Bewegung etwa sah in der Geschichte von König Hänschen die Idee der modernen Erziehung zumindest skizziert: das Kind als vollwertiger Partner des Er-

Illustrationen von Jerzy Srokowski zu »König Hänschen«

wachsenen, faktisch noch unterlegen und ein Fremdling in der Welt der
Erwachsenen, doch auf dem besten Weg zur Selbständigkeit. Skepti-
schere Interpreten wiesen mehr auf das Moment des Scheiterns hin:
Korczak, heißt es, erspare den Kindern nicht den Einblick in ihre Hilflosigkeit und Ungeschicklichkeit.[131] Fest steht: König Hänschen ist kein
Hans im Glück, mit seinen ehrgeizigen Plänen überfordert er sich und
andere, was er schließlich auch selbst merkt, und eine traurig-melancho-
lische Stimmung zieht sich durch den Roman. Einfühlsam ist diese Stimmung auf den Illustrationen von Jerzy Srokowski wiedergegeben, und
man möchte fast meinen, diese Bilder sind die realistische Lesart der Vorstellung, das Kind sei ein Partner der Erwachsenen. Korczak war eher

97

skeptisch: Viel traute er den Kindern zu, aber er wünschte ihnen doch von Herzen, Kinder sein zu können und nicht schon im frühen Alter mit den Anforderungen einer Partnerschaft konfrontiert zu werden. Der Roman zeigt unter anderem, wie dieser Anspruch Kinder überfordern kann.

1925 veröffentlichte Korczak die Erzählung *Wenn ich wieder klein bin*, eine – wie es im Vorwort heißt – *psychologische Erzählung*, in der es *keine aufregenden Abenteuer* gibt. Tatsächlich geht es sehr abenteuerlich zu, denn die Geschichte basiert auf einem phantastisch-märchenhaften Ereignis: Ein Mann, von Beruf Lehrer, wünscht sich in seine Kindheit zurück. Bedrückt von den Sorgen des Erwachsenenlebens träumt er von der Zeit, als er einmal ein kleiner Junge war. Da taucht plötzlich ein Zwerg auf und erfüllt ihm seinen Wunsch. Als der Mann am nächsten Morgen aufwacht, ist er tatsächlich ein Kind von zehn, zwölf Jahren, und er findet sich in einer ihm vertrauten Welt wieder. Keiner nimmt Anstoß an seiner märchenhaften Existenz, seine Familie kennt ihn, ebenso seine Klassenkameraden und seine Lehrer, und so scheinen alle mitverzaubert zu sein, was das Auftauchen des Jungen betrifft. Aber davon ist in der Geschichte nicht die Rede. Es geht um etwas anderes, um die Frage nämlich, was es mit dem Wunsch, wieder ein Kind sein zu wollen, eigentlich auf sich hat. Ist die Kindheit wirklich die unbeschwerte Zeit, wie sie sich der von Sorgen geplagte Mann vorgestellt hat? – Ist sie die Zeit des unbefangenen Lebens, frei von Nöten und lästigen Verpflichtungen?

Korczak verneint diese Fragen. Es gibt zwar Augenblicke, die dem Bild von einer unbeschwerten Kindheit entsprechen, von dem der Mann geträumt hat. Aber es stellen sich ungeahnte Enttäuschungen ein: Der Traum war verklärend, und was der in die Kindheit Zurückverzauberte erlebt, ist nur ein trüber Abglanz des erträumten Bildes. Sorgen ganz anderer Art stellen sich ein, Kindersorgen, die längst vergessen waren: *Alles spielt sich irgendwo hoch oben über dir ab. Man kommt sich irgendwie weniger wichtig, erniedrigt, schwach und verloren vor.*[132]

Das ist das vorherrschende Lebensgefühl des Kindes: Schwäche und Ohnmacht. Am schmerzlichsten aber erlebt das Kind die Unduldsamkeit und Verständnislosigkeit der Erwachsenen, mit denen es zu tun hat: *Ein Erwachsener sagt zu einem Kind: «Du darfst nicht, du kannst es nicht» – und hat es gleich vergessen. Er weiß nicht einmal, was für Schmerz er bereitet.*[133] Das Kind lebt anders als der Erwachsene: Es gewichtet anders, nimmt unter anderen Vorzeichen wahr und begreift seine Welt aus den Perspektiven seiner kindlichen Interessen. Dafür haben die Erwachsenen, die in Korczaks Geschichte vorkommen, kein Gespür und – was noch hinzukommt – gar keine Zeit. Beschäftigt mit ihren eigenen Sorgen und Aufgaben, überlassen sie das Kind sich selbst und tauchen nur hin und wieder als spröde verbietende Instanzen auf, die – und darauf hat Korczak immer wieder hingewiesen – schnell vergessen, was sie gesagt

Janusz Korczak
(Dr. Henrik Goldszmit)

BIBLIOTEKO TUTMONDA
∞∞∞∞∞ ∞∞∞∞∞∞∞∞∞∞ No. 20 ∞∞∞∞∞∞∞∞∞∞∞∞ ∞∞∞∞∞∞

Janusz Korczak

Bonhumoraj Rakontoj

El la Pola tradukis
ANNA WEINSTEIN

1927
RUDOLF MOSSE ⁄ BERLIN
ESPERANTO-FAKO

Esperanto-Ausgabe eines Korczak-Buches, mit Titelvignette, 1927

haben. Es geht Korczak dabei nicht um die Kritik eines inkonsequenten Verhaltens. Was er kritisiert, ist fehlender Ernst der Erwachsenen den Kindern gegenüber. Traurig stellt der Junge der Geschichte – es ist die Stimme des Erwachsenen, die aus ihm spricht – fest: *Ja, wir leben nahe beieinander, aber nicht miteinander.*[134] Auch das Kind träumt nur in der dumpfen Traurigkeit seiner Alltagserfahrungen von Aufbruch und Erlebnisfülle: *Und wenn das Eis in der Weichsel aufbricht, hißt man gleich die Segel – und weiter geht's.*[135] Doch das bleibt in Korczaks Geschichte utopischer Wunsch. Das Eis bricht nicht, und schon nach Tagen sehnt sich das Kind in sein früheres Dasein zurück. Wieder taucht der Zwerg auf und macht den Zauber rückgängig.

Korczak hatte mit dieser Geschichte ein Problem wieder aufgegriffen, das ihn schon vor Jahren beunruhigte. Damals (1917) schrieb er: *Wir kennen das Kind nicht.* Und das war das ernsthafte Bekenntnis eines Pädagogen, der ständig mit Kindern zu tun hatte. Aus dieser sokratischen

99

Einsicht heraus schrieb Korczak seine Geschichte *Wenn ich wieder klein bin*. Es ist mehr eine Geschichte für Erwachsene als für Kinder, denn das Problem, um das es geht, kann – wenn überhaupt – nur ein erwachsener Mensch sehen und erfahren, jemand, der darin geübt ist, sich in die Situation und die Lebenswelt eines anderen hineinzuversetzen. Und dazu fordert Korczaks Geschichte ständig auf, an der Sichtweise des Kindes teilzunehmen und die Welt mit dessen Augen zu entziffern. Das allein ermöglicht Verständnis und die Großzügigkeit des toleranten Blicks.

Befremdlich ist manchmal Korczaks Polemik gegenüber «den Erwachsenen». Hier leistete er sich die Grobheiten der Verallgemeinerung und war wenig auf Differenzierung bedacht. In der kämpferischen Phase einer neuen Idee scheint das üblich zu sein, und ohne ein kämpferisches Moment kann etwas Neues sich selten durchsetzen. So war es zum Beispiel zur Zeit Korczaks noch üblich, einen professionellen Erzieher als «Aufseher» zu bezeichnen, und es mußte erst ein Bewußtsein heranwachsen, das daran Anstoß nahm. Ein realistisches Bild des allgemeinen pädagogischen Bewußtseins, wie es im 19. Jahrhundert herrschte, hat Alice Miller gezeichnet. Sie spricht von «Schwarzer Pädagogik»[136] und meint damit einen Erziehungsstil sublimer Unterdrückung und herablassender Kinderbehandlung. Diesen Stil hat Korczak noch aus eigenen Erfahrungen kennengelernt, und darauf reagierte er: polemisch, kämpferisch, mitunter aggressiv und mit einem unterschwelligen Groll auf «die Erwachsenen».

Ein Jahr später, 1926, folgte ein weiteres Kinderbuch: *Der Bankrott des kleinen Jack*, das einzige Buch, das zu Korczaks Lebzeiten ins Deutsche übersetzt wurde, merkwürdigerweise im Jahre 1935, damals unter dem Titel *Jack handelt für alle*. Wieder steht ein Junge im Mittelpunkt, Jack Fulton. Jack lebt in New York und geht in die dritte Klasse. Er ist ein sich sehr zurückhaltendes, fast scheues Kind und sucht Anerkennung. Eines Tages bietet sich ihm eine Möglichkeit: In seiner Klasse wird eine kleine Bibliothek eingerichtet, und Jack übernimmt die Aufgabe, die Bibliothek zu führen. Er hat Erfolg, und bald erweitert sich sein kleines Unternehmen zu einem Gemeinschaftsladen für Kinder. Dabei geht es auf und ab, bis schließlich durch eine Kette von mißlichen Umständen der Bankrott droht und Jack in große Schwierigkeiten gerät. Doch seine Eltern, Lehrer und Klassenkameraden stehen ihm bei, und der Bankrott kann verhindert werden. – Eine harmlose Geschichte im Grunde, aber spannend erzählt und für Kinder eine lebendige Lektüre.

Ununterbrochen war Korczak in den zwanziger und dreißiger Jahren schriftstellerisch tätig. Es wäre jedoch müßig, die vielen Aufsätze, Artikel, Skizzen, Kurzgeschichten und Essays, die damals entstanden, hier aufzuführen und zu besprechen. Oft handelt es sich um Stellungnahmen zu Tagesproblemen, an denen heute das Interesse verloren ist, und bio-

Stefan Jaracz (rechts) in dem Spielfilm «Seine große Liebe»

graphische Exaktheit würde vielleicht den Forscher befriedigen, aber ein
runderes Bild Janusz Korczaks könnte dadurch kaum entstehen. Einen
Einblick in Korczaks enorme journalistische Arbeit vermittelt die kürzlich
erschienene Korczak-Bibliographie (1985) des Warschauer Pädagogen
und Korczak-Forschers Aleksander Lewin, der in fast zehnjähriger Arbeit
mit seinen Mitarbeitern alle bisher verfügbaren und zugänglichen Publikationen Korczaks zusammengestellt hat.

1931 tritt Korczak mit einem Theaterstück an die Öffentlichkeit, an
dem er sehr lange gearbeitet haben muß. Es wird erzählt, daß Korczak an
einem Sommerabend im Jahre 1930 zu Gast bei der Warschauer Schau-
spielerin Irena Solska war. Mit zur Gesellschaft gehörten eine Reihe von
Theaterleuten, unter anderem Stefan Jaracz, der Chef und Regisseur des
Ateneum-Theaters in Warschau, ein Theater, das heute noch existiert,
benannt nach seinem damaligen legendären Leiter. Im Laufe des Abends
las Korczak ein neues Märchen vor: *Wie der liebe Gott sehr schnell aus
dem Tempel geflohen ist*, und dieses Märchen war das Fragment eines

Theaterstücks, an dem er gerade arbeitete. Der Kreis um Stefan Jaracz wurde neugierig, und nach einigen Wochen lieferte Korczak das Stück dem Regisseur ab. *Senat der Verrückten* lautete der erste Titel, *Eine düstere Humoreske* der zweite. Lange zogen sich die Probenarbeiten hin, an denen Korczak, wenn die Zeit es ihm erlaubte, teilnahm, und am 1. Oktober 1931 war Premiere.

Inhaltlich und formal gehört das Stück in die Nähe des absurden Theaters, das in Polen eine bis in die zwanziger Jahre zurückreichende Tradition hat, verbunden vor allem mit dem Werk des Dramatikers Stanisław Witkiewicz, dem Wegbereiter des modernen absurden Theaters in Polen.

Ort der Handlung ist eine psychiatrische Klinik, geführt von einem Arzt, der eine sehr eigenwillige Auffassung von seinem Beruf hat. Er glaubt zum Beispiel nicht an die heilende Wirkung von Medikamenten. Einem Professor, der ihn besucht und der sich von ihm die Klinik zeigen läßt, entwickelt er sein Berufsethos: *Man ist gegen mich voreingenommen, man setzt sein nachsichtiges Psychiaterlächeln auf und examiniert mich über meine «Methode». Man knirscht mit den Zähnen, wartet nur darauf, daß ich schlappmache, stolpere – so eine Art Bewußtseinstrübung erleide ... Professor, hier geht es nicht um System, Methode oder Experiment ... Ich verachte nicht die Welt der Illusionen; frei von irgendeinem erniedrigenden Überlegenheitsgefühl sage ich: du hast unrecht, oder du hast recht.*[137]

Der Arzt versteht sich als Begleiter seiner Patienten, und er beschränkt sich auf indirekte und diskrete Hilfe im Umgang mit ihnen: *Ich will, daß dies hier ein Krankenhaus ist und keine Ausbeutungsstätte der wehrlosen Hilflosigkeit. Hier geht es nicht um Wissen, sondern um Gewissen.*[138] Nach diesem einleitenden Dialog kommt Bewegung in das Stück: Die Patienten treten auf und halten eine Versammlung ab. Es tagt der Senat der Verrückten, und eine der Personen kündigt an, worum es im Stück gehen soll: *Die heutigen Beratungen sollen die Welt und die Menschen – die Zeit und das Leben – behandeln.*[139]

Nacheinander treten die Personen auf: der traurige Bruder, ein Mörder, ein Oberst, ein Gastwirt, ein Kind, eine Frau, ein Homosexueller, ein Börsenmakler, ein Säufer, ein Arbeiter, ein Greis und ein Streitsüchtiger. Korczak beläßt es bei diesen allgemeinen Bezeichnungen; keine der Personen – bis auf das Kind und eine in der Abschlußszene auftretende Frau – trägt einen Namen, und all die Personen beginnen nun damit, ihre Ansichten über die Welt und die Menschen, die Zeit und das Leben voreinander auszubreiten. Vor allem äußern sie sich über das, was schlecht ist und unbedingt der Veränderung bedarf, und man fühlt sich an politische Versammlungen erinnert oder an Stammtischatmosphäre, wo es hoch hergeht und die politischen Amateure ihren Unmut äußern, in dem sicheren Bewußtsein, die Quellen der Misere genau zu kennen. ... *für brutale Menschen darf es in der zivilisierten Gesellschaft keinen Platz geben: denn sie wollen andere beherrschen, sie sind in unserem Leben tonangebend; davon gibt es ganze Legionen.*[140] Soweit der Mörder, der am liebsten tabula rasa machen möchte mit den Legionen, die seinem hypertrophen moralischen Empfinden nicht entsprechen. Wie Dostojewskijs Raskolnikow betrachtet er seinen Mord, genauer: seinen Mordversuch als ganz legitime Angelegenheit. In einer Straßenbahn hatte er eine Frau erschießen wollen, von der er sich beleidigt fühlte: *Das war weder Affekt, Reflex noch Selbstjustiz – das war eine gemeinnützige Tat.*[141] Am Ende der Szene bricht dieser harte Moralist zusammen und weint. Doch der Zuschauer erfährt nicht, wie es zu diesem plötzlichen Umschwung kommt. Er bleibt unmotiviert, ein im absurden Theater durchaus übliches dramaturgisches Mittel, dem eine psychische Realität entspricht.

Rigoroser noch und gewalttätiger als der Mörder meldet sich im Stück der Oberst zu Wort: *Und ich – bin Monarchist. Ich bitte ums Wort. Herr Stenograph, ich stelle den Antrag, auf jedem Platz drei Galgen aufzustellen, damit man ohne Pardon alle Erfinder, Ideologen und Neuerer aufhängen kann. Die heilige Inquisition soll wieder hergestellt werden. Die Demokratie muß in einen Sack eingebunden und im Fluß ertränkt werden. Alle Frauen sind unter Prügel auf dem Markt zusammenzutreiben und auszupeitschen... Da sagt so ein Verrückter: ‹Brot ist genug für alle da.› Aber Arbeit gibt's nicht für alle. Womit soll der Mensch die viele Freizeit ausfüllen? Er streunt ohne Beschäftigung umher und schaut, was er klauen könnte.*[142]

Und konsequent prophezeit der Oberst den Krieg: *Auf in den Kampf – ihr, und ihr, und ihr! Grenzen verschieben, erobern und verlieren – hier und hier, und hier, so und so. Vernichten, verbrennen und wieder aufbauen ... Oh, es brennt eine Stadt, die Einwohner fliehen – in den Fluß. Jagt sie, hetzt sie, plündert. Mord, Gewalt, Blut. Los, an die Arbeit, hungrig und im Gestank verwesender Leiber. Und die übrigen beten, daß es keinen Krieg, keinen Hunger, keinen Tod geben möge. Das war ein Programm, das Jahrhunderte, Jahrtausende bestehen konnte. Und was tut ihr? Leute, es ist noch Zeit umzukehren.*[143]

Was der verrückte Oberst auf der Bühne prophezeit, wird knapp zehn Jahre später grausame Wirklichkeit. 1931, bei der Uraufführung des Stückes, ahnte wohl keiner der Zuschauer, daß die Sätze des Oberst einmal sein Leben betreffen könnten, und zwar in einem erschreckend wörtlichen Sinne. Wer konnte damals schon ahnen, daß Warschau die erste europäische Großstadt sein sollte, die dem Terror des totalen Krieges zum Opfer fiel? – Eine dunkle Ahnung von der Richtigkeit seiner Prophetie wird auch Korczak nur gehabt haben. Dem politischen Radikalismus in seinen vielfältigen Schattierungen begegnete er auf Schritt und Tritt. Gewalt lag in der Atmosphäre des politischen Lebens, und ein untrügliches Zeichen für diese Stimmung war der offen und aggressiv auftretende Antisemitismus, von dem auch Polen nicht verschont blieb. Korczaks po-

Deutsche Soldaten vor brennenden Häusern in Polen, 1939

litische Zurückhaltung machte ihn für die Töne, die auf den unzähligen politischen Bühnen der jungen polnischen Republik angeschlagen wurden, hellhörig. Die innenpolitische Situation Polens war der der Weimarer Republik ähnlich. Ohne demokratische Tradition und nach Jahrhunderten der Teilung prallten die ideologischen Gegensätze ungehemmt aufeinander, und der polnische Patriotismus, seit Jahrhunderten das Ferment der gespaltenen Nation, war damals zu schwach, um die Gegensätze miteinander zu verbinden. Erst 1939, nach der Invasion der deutschen Armee, sollte sich das entscheidend ändern.

In Korczaks Stück taucht immer wieder das Bild von der erkalteten Welt auf, einer Welt, die beherrscht wird vom homo rapax und dem Recht des Stärkeren. An einer Stelle heißt es: *Die Welt erkaltet. Das Leben ist verkrüppelt, verkümmert, heruntergekommen. Karriere wird durch Liebedienerei erreicht, jedes Geschäftemachen ist von Habgier bestimmt, die Menschen sind willenlos, wie Gespenster... Du hast recht, Schankwirt: In jeder Wurzel sitzt ein Spitzel. Alles ist durchtrieben und mißgünstig, strebe-risch, habsüchtig und unverschämt ...*[144] Eine paranoide Wahrnehmung der Welt. Aber ihr entsprach eine objektive Realität, über deren Existenz und Ausmaß uns heute die Bilder der zerbombten Städte belehren: Die zitierten Sätze könnten alle unter den Bildern der Zerstörung stehen, die im Zweiten Weltkrieg angerichtet wurde. Mit anderen Worten: Ein Schlüssel zum Verständnis des Stückes, das auf den ersten Blick chaotisch und unstrukturiert erscheint, sind die Erfahrungen des Krieges, in dem das erlebt werden mußte, was im *Senat der Verrückten* noch verbal verhandelt wird.

Aus der düsteren Prophetie klingt jedoch ein leiser, fast versöhnlicher Ton heraus, der trotz des Lärms der Kontrahenten sich Gehör verschaffen kann. Im Zentrum des Stückes steht ein Märchen, das ein alter Mann einem kleinen Jungen erzählt. Das Märchen handelt vom verlorenen Gott, den zu suchen sich die Menschen aufmachen. Gott, so empfinden alle, ist aus ihrem Leben verschwunden. Es gibt zwar noch Kirchen, Tempel und Priester. Aber Gott wohnt nicht mehr dort, wo die Menschen ihn einmal verehrten. Das Märchen spielt in einer Welt, in der alles berechenbar geworden ist, und mit der Berechenbarkeit der Welt verschwindet der Glaube an einen mächtigen, furchterregenden Gott. Unglück, Not und Leiden fügen sich nicht mehr in das alte theologisch-pädagogische Muster: Den strafenden Gott sind die Menschen los. Dennoch haben sie das Gefühl, daß ihnen etwas fehlt, und so beschließen sie, ein neues Gotteshaus zu bauen – für einen ihnen noch unbekannten Gott. Mit großem Aufwand wird ein pompöser Bau errichtet, und alle machen sich auf die Suche nach Gott. Doch niemand findet ihn, und es verstreichen Monate des Suchens, bis ihn schließlich ein kleines Mädchen im Nest einer Lerche entdeckt. In einer großartigen Prozession wird der Entdeckte in das neue Gotteshaus geführt; aber dort hält er es nicht lange aus und verschwindet gleich nach seiner feierlichen Inthronisation. Incognito zieht er durch die Welt, und wieder stellen ihm die Menschen nach. Auch diesmal dauert es lange, ehe er entdeckt wird: Ein Kriminalist stöbert ihn bei spielenden Kindern auf. Doch vor seiner Festnahme springt der Entdeckte in die Höhe, und es regnet Perlen über die spielenden Kinder. *Gewöhnliche Perlen flutschen einem schon aus der Hand, um so mehr die göttlichen. Die Rosenkranzperlen liefen hop-hop, eine jede zu einem anderen Jungen oder Mädchen. So verteilten sie sich auf die Kinder. Und diese lachten. Das war, mein Lieber, ein Spektakel. Aber ab jetzt werden wir Kinder den lieben Gott in unserem Herzen tragen, wenn er mit euch anderen nichts zu tun haben will. Und ein jeder bekommt eine Perle, damit es für einen alleine nicht zu schwer wird.*[145]

So endet das Märchen, eine typische Korczak-Geschichte, vor allem in bezug auf den heiteren, leichten Schluß, in dem Korczak ein Stück seiner ihm eigenen Hoffnung zum Ausdruck bringt: die Hoffnung auf die Kinder und ihre unverstellte und nicht korrumpierte Lebensart. Den Kindern traute er sogar zu, die Wohnung des heimatlos gewordenen Gottes zu sein, was vielleicht einen Hauch von Naivität hat angesichts der Grausamkeiten, die auch in der Welt der Kinder herrschen können. Korczak

Moses, Plastik von Michelangelo

hat die Kehrseite der Kinderwelt sehr gut gekannt, und seine praktischen Erfahrungen mit Kindern gestatteten ihm keine Illusionen über die vermeintliche Unschuld und Reinheit des Kindes. Das emotionale Äquivalent zur Illusionslosigkeit ist das kalte Herz. Korczak hat diese Nähe von Illusionslosigkeit und Kälte stets empfunden und es dennoch verstanden, in der Illusionslosigkeit nicht kalt zu sein. Daher vielleicht der Überschwang, mit dem er manchmal über Kinder sprach.

Es ist ein Überschwang, wie man ihn in den Geschichten der Chassidim, jener Lehrer der unorthodoxen jüdischen Religionsbewegung Osteuropas findet, in deren Tradition Korczak – ihm vermutlich unbewußt – stand. In den Lehren der Chassidim heißt es, jedes Kind sei ein göttlicher Funke, der unbemerkt verglimmen, aber auch zum Leuchten gebracht werden könne, es käme nur auf den Blick an, mit dem man ein Kind ansähe. Auch das ist – vom Standpunkt des durch und durch Aufgeklärten – naiv, so wie jedes Interesse, das in der Welt mehr und anderes zu entdecken sucht als das unendliche Wechselspiel von Gewalt und Macht. Es ist eine Naivität, die sich den Eros nicht ausreden läßt.

Zwei Bücher sollen noch Erwähnung finden: nämlich *Kajtuś, der Zauberer*, geschrieben 1934, und der kleine Band *Die Kinder der Bibel*, ein Buch, das 1939 veröffentlicht wurde, aber vermutlich schon in der ersten Hälfte der dreißiger Jahre entstand. *Kajtuś, der Zauberer* ist wieder ein Buch für Kinder. Erzählt wird die Geschichte eines achtjährigen Jungen, der gern Zauberer werden möchte. Er beginnt mit kleinen Zaubereien und hat Erfolg damit. Aber das, was er kann, reicht ihm nicht: Er möchte ein großer Zauberer werden. Tatsächlich wachsen ihm übernatürliche Kräfte zu, mit denen er schließlich ganz Warschau auf den Kopf stellt. Die Polizei ist hinter ihm her und kommt ihm auf die Schliche, und Kajtuś muß fliehen. Hier beginnt eine lange Odyssee, die ihn bis nach Hollywood verschlägt, wo er eine Karriere als Filmstar macht. Auf seiner Reise durch Amerika lernt Kajtuś ein Mädchen kennen, eine Fee, und unter abenteuerlichen Umständen werden beide auf das Schloß eines Hexenmeisters entführt, der sie in Hunde verwandelt. Kajtuś kommt gegen diese Verzauberung nicht an. Als Hund kehrt er nach Warschau zurück. Dort besucht er seine alte Lehrerin, den einzigen Menschen, den er in Warschau hat. Die Lehrerin erzählt ihm von Kajtuś und ist traurig darüber, daß der Junge verschwunden ist. Durch ihre Trauer wird der Hund erlöst und verwandelt sich wieder in den kleinen Jungen zurück, der nun auch seine Freundin vom Zauber erlösen kann.

Nun zum letzten Buch in der Reihe von Korczaks Kinderbüchern, dem kleinen Band: *Kinder der Bibel*. Der Titel ist etwas mißverständlich, denn es handelt sich im vorliegenden Text nur um e i n Kind der Bibel, nämlich um Moses. Ein altes Thema also, an das sich Korczak heranwagt, in der Geschichte der Kunst und Literatur immer wieder neu gestaltet und dargestellt. Der mißverständliche Titel erklärt sich aus dem Umstand, daß Korczak in den dreißiger Jahren eine Reihe von Kinderporträts verfaßt hat, darunter eines von David, von Salomon, Jeremias und Jesus. Jedoch sind die Skizzen verlorengegangen bzw. bis heute noch nicht entdeckt worden, und der einzige Text, der veröffentlicht wurde, ist die Lebensbeschreibung des kleinen Moses.

Korczak verfolgte mit seiner Mosesgeschichte ein ähnliches Interesse wie Thomas Mann, der fast zur gleichen Zeit an alttestamentarischen Stoffen arbeitete, nämlich die spröden und mitunter sprunghaften Mitteilungen über das Leben Moses, wie sie im Buch Exodus überliefert sind, zu einer in sich geschlossenen Lebensgeschichte zusammenzufügen, der Frage also nachzugehen, was man sich bei den spärlichen Nachrichten des Testaments an Erfahrungen, Erlebnissen und Lebensumständen hinzudenken muß, um den Text angemessen zu verstehen. Thomas Mann sprach im Zusammenhang dieses hermeneutischen Verfahrens von «Amplifikation», und eine Amplifikation, der Versuch, einen fragmentarischen Text bis in die Schichten konkreter Erlebnisse umzugestalten und zu entwickeln, ist auch Korczaks Mosesgeschichte.

Andere Interessen, bewußte oder nur latent bewußte, traten hinzu. Es liegt auf der Hand, daß einen Menschen wie Korczak die Mosesgeschichte bewegt haben muß: das verlassene Kind, einsam in einem winzigen Binsenkörbchen, ein Opfer grausamer Lebensumstände, gegen die wenig auszurichten ist – das ist geradezu paradigmatisch für die Lebensgeschichten der Kinder, mit denen Korczak täglich zu tun hatte. *Wenig berichtet die Bibel von Mose, als er ein Kind war. Aber doch, daß er weinte, als ihn die Königstochter am Flußufer fand. Blieb er still liegen, bis ihn die Tochter Pharaos fand? Erwachte er aus seinem Schlaf und weinte? War er hungrig? War er ängstlich beim Anblick einer Fremden?*

Ich war nicht in Ägypten, ich stand nicht am Nil, ich kann nicht sagen: ‹Genau hier, in diesem Sand, versickerten in jenen Tagen die Tränen des kleinen Mose.›[146]

Ein weiterer Anlaß, sich mit dem Mosesstoff zu beschäftigen, lag tief in der politischen Situation der dreißiger Jahre und in der persönlichen Situation Korczaks verankert. Korczak spürte sehr früh die Welle des Antisemitismus. In Polen war sie lange nicht so scharf wie in Deutschland, wo Gesetzgebung und Rechtsprechung nach der Verabschiedung der «Nürnberger Gesetze» schon vom Antisemitismus erfaßt waren. Unter diesem Druck kam vielen jüdischen Intellektuellen ihre Herkunft überhaupt erst zu Bewußtsein und löste eine Identifikation mit der jüdischen Tradition aus. Im Gegenzug zur antisemitischen Stimmung nahm die zionistische Bewegung an Einfluß und Bedeutung zu, und die Emigrationsziffern schossen vor allem in der zweiten Hälfte der dreißiger Jahre in die Höhe. Viele junge Leute im Kreis um Korczak wanderten nach Palästina aus, und selbst Korczak, seit seiner Kindheit mit Warschau verbunden, spielte mit dem Gedanken, zu emigrieren und in Eretz Israel ein neues Waisenhaus zu gründen. Aus diesen Umständen erklärt sich Korczaks Hinwendung zur religiösen Tradition des Judentums, und es könnte sogar sein, daß er die Mosesgeschichte in Palästina verfaßt hat. Jedenfalls wurde der Text in der hebräischen Tageszeitung «Omer» im Jahre 1939 zum erstenmal veröffentlicht, auf hebräisch; der polnische Originaltext ist verschwunden.

Verbindungen zur zionistischen Bewegung hatte Korczak seit seiner Studentenzeit, aber sie blieben formal, und mit der zionistischen Idee konnte er sich nie voll identifizieren. Das scheint sich erst in den dreißiger Jahren geändert zu haben: Palästina wurde sein Traum, und von der Attraktivität, die das Land der Väter für ihn gehabt haben muß, ist noch bis in den Text seiner Mosesgeschichte hinein etwas spürbar: *Es freuen sich*

Palästina in den dreißiger Jahren: Ein Kibbuz entsteht

der Himmel und die Sonne und das ferne Meer, es freuen sich Fremde und die stille Nacht. Der Weinberg und die Palme frohlocken, die Olivenbäume und der Granatapfel, Rosen und Lilien.

Es singen die Vögel des Himmels, die Herden und Rehe des Feldes und die Löwenjungen und die Bienen.

Und du, Berg Sinai, und der Fluß Jordan und der azurblaue See Gennesaret, und ihr, Täler der frischen Milch und des süßen Honigs. Und du, Jerusalem, die du warst und sein wirst und jetzt nicht bist.

Noch ist der König nicht geboren, dessen klangvolle Stimme die Lieder Palästinas singt, und noch ist sein weiser Sohn nicht geboren. Und ihr, dieses Volk, dessen Hände gebunden und dessen Füße in Eisenketten gefesselt sind, werdet ihr euch aufrichten und wie alle anderen Völker sein? [147]

Was in diesen sprachlich dem Psalmisten nachempfundenen Zeilen Erinnerung an die mosaische Zeit ist und was Ausdruck der eigenen Sehnsucht nach der alten Heimat, läßt sich nicht mehr unterscheiden. *Die Kinder der Bibel* ist beides: Erinnerung, Verlebendigung der weit zurückliegenden Tradition und Ausdruck von Korczaks eigener Aufbruchsstimmung.

109

Aufbruch

Zu Beginn des Jahres 1934 plante Korczak seine erste Reise nach Palästina. Eine umfangreiche Korrespondenz mit Freunden, die bereits dorthin ausgewandert waren, ging der Reise voraus. Der größte Teil dieser Briefe ist uns erhalten geblieben.[148]

Im Sommer 1934 bot sich eine günstige Gelegenheit, die lange geplante Reise endlich anzutreten. Jóseph Arnon, der israelische Freund Korczaks, erinnert sich: «Am 24. Juli 1934 kam Korczak zu Schiff in Haifa an. Nur für drei Wochen. Sein Plan war, die Vergangenheit einzusaugen, eine Stütze zum Nachdenken über die Gegenwart zu finden und vielleicht einen Weg in die Zukunft zu bahnen.»[149] Vorsichtig drückt sich Arnon über Korczaks Reisemotive aus. Aber wie sollte die Zukunft in einem fernen Land möglich sein nach dreißig Jahren intensiver Arbeit in Warschau? Korczak war damals sechsundfünfzig Jahre alt, beruflich erfolgreich, als Schriftsteller angesehen und von den Kollegen und engsten Mitarbeitern geachtet und geschätzt. Ein reiches Leben lag hinter ihm, und in Warschau war es verwurzelt: das Kinderheim, das Theater, die Zeitungsredaktionen, die Verlage, Freunde, die Schüler – diese vielfältigen Bindungen, die er im Laufe der Jahre eingegangen war, konnte er nicht mit einem Schlag aufgeben. Damals, 1934, empfand Korczak auch noch nicht die dringende Notwendigkeit zu emigrieren.

Er fühlte sich bei seiner ersten Reise mehr als Besucher, weniger als potentieller Emigrant. Schon Jahre vorher (1928) hatte er sich skeptisch zur Emigrationsideologie der Zionisten geäußert: *Wir haben uns in dem Land der Fichten, des Schnees und der Diaspora physisch und moralisch akklimatisiert. Der Versuch, die zwei Enden des Fadens, der vor zweitausend Jahren zerrissen wurde, wieder zusammenzuknüpfen, ist schwierig. Sicher wird es gelingen, denn das fordert die Geschichte. Aber wie viele Anstrengungen und Leiden stehen noch bevor ... Ich habe nicht mehr Zeit genug, um zehn Jahre für die physische und geistige Assimilation unter den neuen Bedingungen des Atmens, Sehens und Verdauens zu opfern. Einstweilen verspüre ich kein Bedürfnis, alles an Ort und Stelle zu sehen, es genügt mir, was ich lese und durchdenke.*[150] Eben dieses Bedürfnis, *alles an Ort und Stelle zu sehen*, wuchs mit der Zeit. Korczak, den unakademischen Intellektuellen, faszinierten der Pioniergeist der Siedler, ihre neuen

Formen des Zusammenlebens und der Arbeit und die zähe Bereitschaft, unter kargen Bedingungen von vorn zu beginnen und ein wüstes Land fruchtbar zu machen.

Manche Korczak-Forscher meinen, «Eretz Israel» sei Korczaks eigentliche Heimat gewesen und dort habe er im Grunde immer sein wollen.[151] Was an dieser Deutung Wunschbild ist und was Realität, ist schwer zu entscheiden. Die Korrespondenz, die Korczak mit den Freunden in Palästina führte, ist in diesem Punkt sehr widersprüchlich und spiegelt Korczaks eigene Zerrissenheit wider: Er war sich selbst nicht sicher, wo er hingehörte, vor allem seit der Zeit, als er sich intensiv mit dem Judentum zu beschäftigen begann. Eine Notiz aus Palästina, die die erste Biographin Hanna Mortkowicz mitteilt, lautet: *Das ist ein anderes Verhältnis zu Gott und eine andere Moral. Das ist eine andere Flora. Das Gras ist anders, sogar die Kiefer ist anders. Ihre Borke ist fremd, fremdartig sind ihre Nadeln. Eine andere Nahrung gibt es hier, alles ist bis zur Verzweiflung anders.*[152] Es ist die Faszination der Fremde, die aus diesen Zeilen spricht: Attraktiv, einladend und gastfreundlich zeigt sich alles Bekannte und Vertraute in einem neuen, verfremdenden Licht, und das ist mitunter erfrischend, begeisternd und erlösend und macht Erfahrungen mit längst Eingeschliffenem und Abgetragenem wieder möglich.

Und mehr noch: Was Korczak sah und erlebte, waren neue Lebensverhältnisse. Ein Funke von der Utopie eines vernünftigen Zusammenlebens schien damals in den Kibbuzgemeinschaften aufzuleben. In seiner kritischen Analyse der sozialistischen Idee und ihrer gescheiterten Verwirklichung schreibt Martin Buber: «Soweit ich Geschichte und Gegenwart übersehe, darf man nur einem einzigen umfassenden Versuch, eine Vollgenossenschaft zu schaffen, ein gewisses Maß des Gelingens im sozialistischen Sinne zusprechen; das ist das hebräische Genossenschaftsdorf in Palästina in seinen verschiedenen Formen ... Nirgends in der Geschichte der genossenschaftlichen Siedlung gibt es dieses unermüdliche Tasten nach der diesen bestimmten Menschenkreisen entsprechenden Form des Zusammenlebens, dieses immer erneute Versuchen, Sichdrangeben, Kritischwerden und Neuversuchen, dieses Abspringen immer neuer Zweige vom gleichen Stamm und aus dem gleichen Formtrieb. Und nirgends gibt es diese Wachheit gegenüber der eigenen Problematik, dieses Sich-immer-wieder-konfrontieren mit ihr, diesen zähen Willen, sich mit ihr auseinanderzusetzen und dieses unablässige, nur selten sich im Wort nach außen manifestierende Ringen um ihre Überwindung. Hier, und nur hier, sind der werdenden Gemeinschaft Organe der Selbsterkenntnis gewachsen, Organe, deren Wahrnehmungen sie immer wieder zu Verzweiflung reizen; aber das ist eine Verzweiflung, die eine gefühlsmäßige Hoffnung vernichtet, um eine höhere Hoffnung hervorzutreiben, eine nämlich, die nur auf dem Boden der Verzweiflung wächst und die nicht mehr Gefühl ist, sondern nur noch Werk.»[153] Ähnlich hat Korczak die neuen Lebens-

formen in Palästina erlebt. Seine Begeisterung äußerte er noch Jahre später in einem curriculum vitae: *Zweimal hatte ich Gelegenheit, den wunderbaren Mechanismus einer lebendigen Ordnung in Anpassung an ein fremdes Klima kennenzulernen, in der Mandschurei, dann in Palästina.*[154]

Das ist die eine Seite der Fremde: ihre Attraktionskraft. Und dennoch: Die Fremde ist abweisend und bleibt das unbekannte, rätselhafte Land, in das man von Kindheit an nicht hineingewachsen ist, und die Faszination hat zwei Gesichter. Dieser Zwiespalt hatte Korczak lange bewegt. Ein Jahr später, 1935, machte er sich zum zweitenmal auf die Reise, und wieder herrschte das zwiespältige Gefühl, zwischen zwei Orten, die ihm mehr bedeuteten als geographische Punkte auf der Landkarte, hin- und hergerissen zu sein. Wieder schwärmte er und sprach von der *bitteren Schönheit* des Landes.[155] Doch wieder äußerten sich Zweifel und Unentschlossenheit: *Ich kenne die jüdische Sprache nicht, nicht die Dichter und Schriftsteller, die in dieser Sprache gedacht haben. Ich kenne nicht einmal die hebräische Literatur. Ich bin ein Tourist, der die Arbeit und die Anstrengung kennenlernen möchte, ich bin wie einer, der durch ein Schlüssel-*

Korczak in Palästina, mit dem Küchen-
personal eines Kibbuz, 1934

loch schaut und der dabei Hitze und Wind als störend empfindet. Dieser
Neugierige weiß, daß der Wind ein Segen für das Land ist, aber er verträgt
das Klima schlecht, zu dem er biologisch nicht vorbereitet ist. [156] Es war
mehr als das Klima, das ihn abhielt zu bleiben, und nach einigen Wochen
kehrte er wieder nach Warschau zurück.

Schwere Monate folgten dieser Reise, Monate der Unentschlossenheit.
Prägend waren die Erlebnisse der zweiten Reise, doch das Leben in Warschau nahm ihn wieder voll in Anspruch: *Nach der Depression, die meh-*
rere Monate dauerte, habe ich mich entschlossen, die letzten Jahre meines
Lebens in Eretz Israel zu verbringen. Ein Jahr in Jerusalem sein, um He-
bräisch zu lernen und dann in einen Kibbuz einzutreten . . . In einem Monat
müßte ich abreisen, da ich den Zustand der gegenwärtigen Unsicherheit
nicht mehr ertragen kann. [157] Der Entschluß wurde nie realisiert. Korczak
blieb in Warschau.

Es folgte eine Zeit der Enttäuschungen, die Korczaks Entschluß zu
emigrieren noch verstärkten. Die erste Enttäuschung bereitete ihm der
polnische Rundfunk. Seit Jahren hatte Korczak eine eigene Sendung. *Ra-*

Brief an Jóseph Arnon, 1936

dioplaudereien des alten Doktors nannte er sie. Sie waren beliebt im Lande, und noch heute können sich Warschauer der älteren Generation an diese Sendungen erinnern[158]. 1936 wurde die Sendereihe abgesetzt. Man wollte Korczak nicht mehr. Erzählt wird, die antisemitische Stimmung, die nach Piłsudskis Tod immer aggressiver wurde, habe den Stein ins Rollen gebracht, und auf die Dauer sei der Jude Korczak im polnischen Rundfunk nicht zu halten gewesen. Für Korczak muß es eine große Kränkung gewesen sein.

Hinzu kam eine andere Geschichte, die ihn persönlich noch tiefer traf: Es kam zwischen ihm und Maryna Falska zum Bruch. Fast zwanzig Jahre hatten die beiden zusammengearbeitet, das Kinderheim «Nasz Dom» gegründet und das Haus gemeinsam geführt. Auf einer Konferenz im November 1936 gerieten sie in eine scharfe Auseinandersetzung. Korczak verließ die Konferenz und brach seine Beziehungen zu «Nasz Dom» ab. Die Ursachen dieses Bruches sind unklar. Einige Mitarbeiter Korczaks erzählen, daß es auch hier der antisemitische Druck gewesen sei, der den Konflikt ausgelöst habe und dem selbst Maryna Falska nicht habe standhalten können. Andere sagen, der Konflikt zwischen Korczak und Maryna habe schon lange geschwelt. Beide seien starke und selbstbewußte Persönlichkeiten gewesen, die nur schwer auf Dauer nebeneinander hätten leben und arbeiten können. Inwieweit persönliche Animositäten im Spiel waren, kann man nur vermuten. Korczak jedenfalls hatte an diesem Bruch schwer zu arbeiten, und es dauerte lange, bis er wieder ein freundschaftliches Verhältnis zu Maryna eingehen konnte.

Anläßlich der Verleihung des Akademie-Preises, 1937

Die späten dreißiger Jahre waren im Vergleich zur Zeit zwischen 1920 und 1929 sehr unproduktiv. Korczak fühlte sich alt, müde und überarbeitet. Der Schwung, mit dem er vor Jahren *König Hänschen* geschrieben hatte, war verbraucht. Und woher sollte er neue Kraft schöpften? – In Palästina vielleicht? – Aber das war weit weg und fremd, und Korczak traute sich nicht einmal mehr zu, Hebräisch zu lernen. – Und die Kinder? – Hätte er wirklich sein ganzes Waisenhaus mitnehmen können? – Und wenn ja, welche Chance hätte er gehabt, in einem wüsten Land mit hundert Kindern? – In einem Brief schreibt er: *Ich will, ich muß im Mai nach Jerusalem kommen. Dort werde ich in studentischer Armut leben. Die einzige Freude in diesen letzten Jahren der Versuche und der schweren Erfahrungen war das Erkennen und Meditieren – das ist wichtig für die Menschen wie das Brot.* [159] Deutlich hörbar ist der Wunsch nach Entlastung, aber es war nur ein Wunsch: Korczak kam aus seinen Verpflichtungen nicht heraus und blieb.

Zu einem kleinen Erfolg kommt es noch einmal im Jahre 1937: Korczak erhält den Preis der Polnischen Akademie für Literatur, eine im polnischen Kulturleben hohe Auszeichnung. Korczak und seine jüdischen Freunde schöpften neue Hoffnung: Es sah so aus, als sei die Lage der polnischen Juden so schlimm nicht, wenn selbst Literaturpreise noch an Juden vergeben werden konnten.

Zwei Bücher kommen noch zustande, eine biographische Skizze über Louis Pasteur, den französischen Begründer der modernen Bakteriologie, dessen wissenschaftlichem Ethos sich Korczak verbunden fühlte. Was ihn an Pasteur faszinierte, war der Zusammenklang von wissenschaftlicher Exaktheit und Behutsamkeit gegenüber dem Objekt. Das zweite Buch ist eine Zusammenfassung der Radiovorträge, eine Sammlung von Eindrücken, Erlebnissen und Gesprächen aus dem Erziehungsalltag. *Fröhliche Pädagogik* nannte Korczak diese Sammlung, in der noch einmal die erzählerische Leidenschaft aufbricht, von der Korczaks ganze theoretische Bemühung auf dem Gebiet der Pädagogik lebte.

In Europa sind dies die Jahre der massiven Aufrüstung: die Angliederung Österreichs an das deutsche Reich, das Münchener Abkommen, der Einmarsch deutscher Truppen in Prag, die totale Militarisierung des deutschen Volkes. Korczak hatte eine Ahnung davon, daß eine Katastrophe über Europa hereinbrechen könnte. Sein Theaterstück aus dem Jahre 1931 spricht eine deutliche Sprache. Noch vor Kriegsbeginn reist Stefania Wilczyńska nach Palästina. Zuwenig wissen wir von den Motiven ihrer Reise.[160] Vermutlich hatte sie auch den Plan auszuwandern. Als sie nach Warschau zurückkommt, ist der Krieg ausgebrochen. Es beginnt die Leidensgeschichte von Millionen. Es beginnt der Wahnsinn des totalen Krieges; lange vorbereitet bricht er mit dem Überfall auf Polen aus.

Warschau 1942

«Das Bedürfnis, Leiden beredt werden zu
lassen, ist Bedingung aller Wahrheit. »
(Theodor W. Adorno)

Im Mai 1942 beginnt Korczak mit der Niederschrift eines ausführlichen
Tagebuchs. Es ist nicht nur die wichtigste biographische Quelle, die wir
haben; es ist ein erschütterndes Dokument über den Frühsommer 1942 im
besetzten Warschau und im jüdischen Getto der polnischen Hauptstadt.
Korczak muß dieses Buch in einer furchtbaren Hetze verfaßt haben. Meist
schrieb er nachts im Bett oder am frühen Morgen, bevor die Kinder ge-
weckt wurden. Er schrieb ohne schriftstellerische Selbstkontrolle und no-
tierte, was ihm gerade einfiel: Erinnerungen, vor allem an die Kindheit,
wechseln unvermittelt mit Situationsbeschreibungen; verstreute Gedankensplitter, essayistische Entwürfe, Notizen, Aphorismen, all das steht in
einem losen Zusammenhang nebeneinander, ungeschliffen, ungeordnet
und stellenweise nicht ausformuliert, und manchmal ist der Text ohne
Kommentar nicht verständlich. Mehrmals entschuldigt sich Korczak dafür, daß er einen Gedanken nur angerissen hat. Immer wieder zwingt ihn
die Müdigkeit dazu abzubrechen: *Ich möchte schlafen. Bevor mein Bienen-
stock zu summen anfängt, schlafe ich noch eine kurze Stunde.* [161] Und einige
Tage später heißt es: *Es ist wohl wieder unverständlich geworden. Aber ich
bin zu müde, um alles ausführlicher zu beschreiben.* [162]

Vergegenwärtigen wir uns die Situation, in der dieses Manuskript entstand. Am 1. September 1939 drangen die ersten deutschen Truppen in
Polen ein. Einige Tage später, am 9. September, erreichten sie Warschau.
In der Schlacht an der Bzura leisteten eingekesselte polnische Verbände
erbitterten Widerstand. Nachdem sich jedoch die von Norden und Süden
angreifenden deutschen Gruppierungen bei Warschau und am mittleren
Bug vereinigt hatten, war der Feldzug entschieden. Am 27. September
kapitulierte das von regulären Truppen und Arbeitsbataillonen vertei-
digte Warschau; Anfang Oktober erlosch auch der letzte Widerstand auf
der Halbinsel Hel. Polen wurde zum Generalgouvernement des deutschen Reiches erklärt, und damit begann schrittweise die Entrechtung der
polnischen Bevölkerung, vor allem des jüdischen Teils.

Dazu nur einige Daten. Am 26. Oktober 1939 erging eine Verordnung zur Einführung des Arbeitszwangs für alle polnischen Juden. Einen Monat später, am 23. November, kam der Befehl zur Kennzeichnung der jüdischen Bevölkerung mit dem Davidstern. Am 28. November wurde angeordnet, sogenannte Judenräte zu bilden, die – unter Androhung der Todesstrafe – für die Einhaltung der Verordnungen zu sorgen hatten.

Die Situation verschärfte sich im folgenden Jahr: Die Beschränkung der Aufenthaltserlaubnis und das Verbot, die öffentlichen Verkehrsmittel zu benutzen, führten immer mehr zur Gettoisierung der Juden, was auch beabsichtigt war und schließlich durch eine Rahmenverordnung des Generalgouverneurs Frank vom 13. September 1940 per Gesetz forciert wurde. In seinem Buch «Pole, wer bist du?» schreibt Witold Wirpsza: «Im ersten Okkupationsjahr zwangen die Nationalsozialisten in eigentlich fast allen polnischen Städten die jüdische Bevölkerung in abgegrenzte, mit einer Mauer eingezäunte Gettos; diese Zusammenpferchung bildete den ersten Schritt zur beabsichtigten Ausrottung. Das größte dieser Gettos war dasjenige von Warschau, im Zentrum der Stadt gelegen, eine Enklave des Grauens inmitten einer Stadt voll diffusen Terrors, eine Hungertodesinsel im Meer der langsam quälenden Aushungerung Warschaus, die Stätte des höchsten Unrechts unter dem allgemeinen Unrecht.»[163] Am 26. Oktober 1940 kam es zur endgültigen Bildung des Warschauer Gettos. Um den alten jüdischen Wohnbezirk wurde eine Mauer gezogen, und alle Juden, die im sogenannten arischen Teil der Stadt lebten, wurden gezwungen, ins Getto zu ziehen. Das Waisenhaus in der Krochmalnastraße lag außerhalb des Gettobezirks, und so mußte auch Korczak mit seinen Kindern das Waisenhaus räumen.

Für Korczak war das ein einschneidendes Erlebnis: Ein Haus, für das er seine ganze Kraft verschwendet hatte, das ein H e i m werden sollte für elternlose Kinder, dieses Haus innerhalb von wenigen Tagen aufgeben zu müssen nach fast dreißig Jahren unermüdlicher Arbeit. Stanisław Rogalski, damals ein junger Lehrer im «Nasz Dom», erinnert sich an den Umzug des Waisenhauses in das Getto: «Das letzte Mal war ich dabei, als die Waisenkinder vom Waisenhaus in der Krochmalna 92 ins Getto übergesiedelt wurden. Die Kinder konnten nur das mitnehmen, was sie tragen konnten; sie gingen zu zweit, an der Spitze des Zuges ein weiß-rotes Transparent und am Schluß der Judenstern. Die Kinder sangen ein auch im Deutschen bekanntes Lied. Die Deutschen hatten es begriffen und darauf den Doktor herausgerissen und in Arrest genommen. Das ist meine letzte Erinnerung an Korczak, an den alten gebeugten Mann, der hin- und hergestoßen wurde.»[164] Die Kinder wurden in der ehemaligen Kaufmann-Ressource an der Ecke Siennastraße 16/Śliskastraße 9 untergebracht. Den Haupteingang an der Chlodnastraße 33 ließ Korczak zumauern. Er verbarrikadierte sich, denn das Haus stand in unmittelbarer Nähe der Gettogrenze. Es war ein völlig ungeeignetes Haus und zwang

1. September 1939: Deutsche Soldaten reißen polnische Grenzpfähle nieder

Korczak zur Improvisation. Igor Newerly hat eine kurze Beschreibung
des Hauses verfaßt, die eine Ahnung von den beengten Lebensverhältnissen vermittelt: «Im großen Saal des ersten Stocks und in einigen kleinen
Nebenräumen spielte sich eigentlich das ganze Leben des Waisenhauses
ab: nachts Schlafsaal, tagsüber Eß- und Beschäftigungsraum. Sinnvoll
aufgestellte Schränke und Geräte teilten das ganze in Klassen, Schneide-
rei, Lesezimmer und andere Winkel für besondere Zwecke auf.

Im zweiten Stock, wo früher der Bankettsaal war, fanden alle Veran-
staltungen und Aufführungen des Waisenhauses statt ...»[165]

Das Leben ging – irgendwie – weiter, und Korczak hielt an alten Ge-
wohnheiten fest, zum Beispiel mit den Kindern Theaterstücke aufzuführen und Konzerte zu veranstalten. Im März 1941 lädt er zu einem Konzert
ein. Dreihundert Gäste kommen, und am Ende des Konzerts bittet Korczak um Gehör, er wolle einige Gedichte vortragen. Er liest vier satirische
Gedichte: *Kleiner schwarzer Schnurrbart, Großer fetter Bauch, Ein Buck-
liger* und *Der elegante Dandy.* Jeder im Saal wußte, wer gemeint war:
Hitler, Göring, Goebbels und der Generalgouverneur Hans Frank. Michael Zylberberg, ein alter Freund Korczaks, erinnert sich an den Abend:
«Die Leute lauschten. War Korczak verrückt geworden? Einige rannten
nach Hause, Korczak nahm keine Notiz davon ... Wovor sollten wir
Angst haben!»[166] Tatsächlich saß die Angst permanent im Nacken. Eine

Die Mauer um das Warschauer Getto

halbe Million Menschen lebten im Getto auf einem Raum von 403 Hektar. Die tägliche Lebensmittelration betrug 184 Kalorien pro Person. Im ersten Jahr starben fast 50000 Menschen, in den ersten Monaten des Jahres 1942 über 37000, die meisten an Unterernährung und Flecktyphus. Tote auf der Straße, ausgehungerte Menschen, bettelnde und stehlende Kinder. Was das Warschauer Getto wirklich war, können wir heute – nach über vierzig Jahren – nur ahnen.

Augenzeugenberichte und Tagebücher der Überlebenden vermitteln einen ungefähren Eindruck von der wirklichen Lage im Warschauer Getto. Sie sollen hier ausführlich zu Wort kommen. Einen genauen Bericht über das Gettoleben hat der Warschauer Hämatologe Ludwik Hirszfeld, mit dem Korczak bekannt war, verfaßt. Hirszfeld schreibt: «Die Straße hat ihre eigene Melodie: ein unbeschreibliches Getümmel und

Kinder im Warschauer Getto

Stimmengewirr, aus dem man jedoch die dünnen, resignierten Stimmen der Kinder heraushören kann: ‹Brezeln, hier gibt's Brezeln. Brezeln, Zigaretten, Bonbons.›

Es fällt schwer, diese schwachen Kinderstimmen zu vergessen. Berge von Schmutz und Abfällen türmen sich auf den Fahrbahnen ...

Die Mauern haben mehrere Durchgänge. An den Durchgängen stehen Posten, in der Umgangssprache als ‹Wacha› bezeichnet. Diese Kinder ernähren das ganze Viertel. Wenn ein Deutscher sich abwendet, laufen sie auf die andere Seite, kaufen dort einige Kartoffeln oder etwas Brot, verstecken sie unter den Lumpen und versuchen, auf demselben Wege wieder zurückzukehren. Die polnischen Polizisten drücken gewöhnlich ein Auge zu. Die jüdischen Polizisten kämpfen mit sich selbst. Sie haben Mitleid mit den Kindern und wissen schließlich, daß eigentlich sie das Viertel ernähren, daß ohne sie manch einer vor Hunger sterben würde ...

Tausende Bettler. Sie sind überall. Grauenhafte Szenen, die wahrscheinlich an das hungernde Indien erinnern: Eine Mutter stillt mit ausgedörrter Brust einen Säugling; neben ihr liegt die Leiche eines älteren Kindes. Ein Sterbender oder einer, der einen Sterbenden vortäuscht, liegt quer über den Gehsteig gestreckt, das Gesicht vor Schmerz verzerrt, vor Hunger aufgedunsen, oft mit erfrorenen Gliedmaßen. Ich höre, daß man diesen bettelnden Kindern täglich erfrorene Finger, Hände und Beine amputiert ... Zwei Elendstypen fallen ins Auge: Einige sehen wie Ballons aus – blaß, geschwollenes Gesicht, die Augen nicht zu sehen, Beine wie ein Elefant. Oder aber mit blaßgelber Haut überzogene Skelette. Die Gesichter der Kinder erinnern eher an Greise. Es waren zwei Bilder des Hungers: der ‹trockene› und der ‹nasse› Hunger.» [167]

Immer mehr Menschen wurden in das Getto gepreßt, aus der Provinz, aus anderen unterworfenen Ländern Europas und aus Deutschland selbst. Der Fotograf und Schriftsteller Joe Heydecker, der als deutscher Soldat 1941 in Warschau stationiert war, berichtet, daß in jedem Haus durchschnittlich 400 Menschen lebten und jeder Raum etwa dreizehn Menschen als Wohnstätte diente. [168] Heydecker zitiert aus dem Ringelblum-Archiv folgende Stelle: «Ein Leben ohne Brot, ohne einen Löffel warme Speise im Verlauf langer Jahre übt einen schockartigen Einfluß auf die Psyche der Menschen aus. Viele der erschöpften, entkräfteten Menschen verfielen äußerster Apathie. Sie legten sich auf ihre Lager und blieben liegen, lagen so lange, bis die Kraft nicht mehr ausreichte, sich zu erheben. In den Häusern in der Krochmalna-, Ostroowski-, Smocza- und Niskastraße lagen fast den ganzen Tag über kraftlose Menschen auf ihren Lagern. Unter ihnen befanden sich Familien von zehn bis zwölf Personen. Sie lagen bewegungslos mit bleichen Gesichtern und brennenden Augen nebeneinander und schluckten Speichel. Ihnen war alles gleichgültig geworden. Es verzehrte und quälte sie ununterbrochen, unablässig nur ein Wunsch, ein wahnsinniges Verlangen: ein Stück Brot aufzutreiben.» [169]

Es gab sie, die Hölle auf Erden, die die schrecklichsten Phantasiebilder an Grauen überstieg. Korczak war Jude. Und weil er Jude war, mußte er in dieser Hölle leben. Das Leid, das ihm und Millionen zugefügt wurde, bleibt ein sprödes Faktum, und es erklären, interpretieren oder gar Sinn in den Wahnsinn hineinlegen zu wollen, hieße, an den Opfern noch einmal zu vollstrecken, was ihnen angetan wurde. Auch wenn der Geist nach Sinn und Erklärung hungert: Dieses Leiden bleibt sinnlos.

In dieser Situation hatte Korczak für zweihundert Kinder zu sorgen. Die Zahl der Kinder im Getto-Waisenhaus war erheblich gestiegen, und noch in den letzten Monaten nahm Korczak neue Kinder auf. Zweihundert hungrige Kinder – mit einem Sack Kartoffeln war da nicht viel getan. In seiner Not verfaßte Korczak Bittbriefe über Bittbriefe und ging jeden Tag betteln. In einem öffentlichen Aufruf noch vor der Zeit im Getto heißt es:

An die Juden!

... Außergewöhnliche Bedingungen erfordern außergewöhnliche Anstrengungen des Denkens, des Fühlens, des Willens und der Tat. Das Waisenhaus hat mit Würde tragische Wochen überstanden. Sieben Einschläge. Zwei Versuche, es auszurauben. Es ist nicht an der Zeit, sich darüber auszulassen. Es ist überstanden. Gott hat gerettet. Wir gehen zugrunde, weil es keine sofortige Hilfe gibt. Ich fordere:

Ein Darlehen von 2000 Złoty.

Wir geben es früher zurück, als ihr denkt.

Der vierte Krieg, die dritte Revolution – ich habe sie nicht nur gesehen, ich habe sie mitgemacht. Ich kann aus den Karten des Krieges lesen.

Nicht für das Waisenhaus, sondern für die Tradition, dem Kind zu helfen, tragen wir gemeinsam die Verantwortung. Niederträchtig sind wir, wenn wir sie verleugnen, armselig, wenn wir uns abwenden, verkommen, wenn wir sie besudeln – die Tradition von 2000 Jahren. In der Not Würde wahren!

Wegen einer Antwort werde ich selbst kommen ... Ich bitte darum, den Aufruf mehrmals zu lesen. Ich bitte darum, nachzudenken und nicht abzuschlagen. Ich drohe nicht, aber ich warne. Wenn du selbst nicht willst, obwohl du die Möglichkeit hast, rate es dem Klügeren, damit er den Wert der Assekuranz einschätzt!

Ich schreibe diesen Aufruf in meinem eigenen Namen und auf eigene Verantwortung.

November 1939. [170]

Mit solchen Aufrufen hatte er Erfolg.

Unermüdlich ist Korczak unterwegs, zu Behörden, bei Freunden, Bekannten, auch bei zwielichtigen Leuten, die sich an der Notlage bereichern, aber zu organisieren verstehen. Verbittert schreibt Korczak an seine Schwester: *Liebe Anka, Ich habe keine Besuche gemacht. Für Geld, Lebensmittel, Nachrichten, guten Rat und Tips gehe ich betteln. Wenn du*

Do Żydów!

Kto ucieka od historii, tego historia dogoni.
Wyjątkowe warunki wymagają wyjątkowego wysiłku myśli,
uczuć, woli i czynu.
Dom Sierot godnie przetrwał tragiczne tygodnie. Siedem
pocisków. Dwie próby rabunku. Nie czas rozwodzić się.
Przeszło. Bóg ocalił. Giniemy z braku doraźnej pomocy.
Żądam:

P o ż y c z k i   2.000   z ł o t y c h

Zwrócimy wcześniej niż sądzicie.
Czwartą wojnę, trzecią rewolucję - nie tylko widzę,
ale przeżywam. Umiem czytać karty wojny.
Ponosimy solidarną odpowiedzialność nie za Dom Sierot, ale za tradycję pomocy dla dziecka. Podli, jeśli zaprzemy się, nędzni, jeśli odwrócimy się, brudni,
jeśli zapaskudzimy ją, - tradycję 2000 lat.-
Godność zachować w niedoli!

Sam zwrócę się po odpowiedź. Opowiem o hr.B. - mag-
nacie z Kijowa. Tytuł: "Tysiąc rubli, a miseczka kr...".
Proszę parokrotnie przeczytać odezwę. Proszę pomyśleć,
- nie odmawiać. Nie grożę, ale ostrzegam. Jeśli sam
nie chcesz, mając możność, poradź rozumniejszemu, by
ocenił wartość asekuracji!

Odezwę tę piszę w imieniu własnym i na własną odpowiedzialność.

<u>Listopad 1939 r.</u>

Stwierdzam z radością, iż z małymi wyjątkami czło-
wiek jest istotą i rozumną i dobrą. Już nie sto, ale
sto pięćdziesiąt dzieci gości Dom Sierot.

<u>Luty 1940 r.</u>

            Dyrektor Domu Sierot
            ul.Krochmalna 92
            Tow."Pomoc dla Sierot"   /-/Dr.Henr.Goldszmit

                              /-/ Janusz Korczak
                              Stary Doktór z Radia

Aufruf Korczaks um Hilfe für das Waisenhaus

*das Besuche machen nennst, dann sind Besuche eine schwere, erniedri-
gende Arbeit. Und dazu muß man auch noch Späße machen, denn die
Menschen mögen düstere Gesichter nicht.* [171] Die Korczak-Legende, die
sich vor allem um die zwei Jahre im Getto gebildet hat, erzählt, Korczak
habe seine alte Uniform auf seinen Bittgängen getragen. Ob das wahr ist,
läßt sich schwer feststellen. Auch soll er sich geweigert haben, den Judenstern zu tragen. Darauf stand die Todesstrafe.

In den ersten Monaten des Jahres 1941 wurde Korczaks Gesundheitszustand zunehmend bedenklicher. Sechzehn Stunden Arbeit am Tag, und
dann wenig zu essen. Auf die Dauer ruiniert das die kräftigste Konstitu-

tion. Und trotzdem: Er schrieb, er las, und mit allen Mitteln wehrte er sich gegen die schleichende Apathie. Noch im Juni 1942 liest er Diderots «Jacques le fataliste» und im Juli die Schriften Marc Aurels. *Ob Marc Aurel wohl die Gleichnisse Salomons gelesen hat? Wie tröstlich wirken seine Erinnerungen*[172], heißt es in einer Tagebuchnotiz vom 1. August. *Aber ... die Erholung, die mir sonst beim Lesen zuteil wurde, finde ich nicht mehr. Ein bedrohliches Zeichen. Ich bin schon wirr geworden, und das beunruhigt mich. Ich will doch nicht verdummen.*[173]

Zu Beginn der Getto-Zeit wurde Korczak für einige Tage festgenommen. Über die Ursachen der Arretierung gibt es mehrere Versionen. Stanisław Rogalski berichtet, die deutschen Besatzungssoldaten hätten sich durch das Lied, das die Kinder während des Umzugs von der Krochmalnastraße ins Getto gesungen haben, provoziert gefühlt, woraufhin Korczak verhaftet worden sei. Von Igor Newerly gibt es eine andere Version: «Als das letzte Auto mit den Sachen des ‹Hauses der Waisen› in das Getto einfuhr, hielten die Gendarmen es an und erlaubten nicht, die Kartoffeln mitzunehmen.

Korczak ging in das Palais Blank. Er ging – wie immer – ohne Armbinde, in der Uniform der polnischen Armee. Die Deutschen, verwundert darüber, daß sich ein Pole, ein Soldat, für das Schicksal eines jüdischen Waisenhauses interessierte, begannen, ihn auszufragen:

‹Was geht Sie das eigentlich an?›

‹Ich bin Arzt.›

‹Wunderbar. Dann kümmern Sie sich doch um die polnischen Kinder. Sie sind doch kein Jude.›

‹Doch, ich bin Jude.›

‹Wenn das so ist, warum gehst du ohne Armbinde?›

Sie nahmen ihn in den Pawiak mit, schlugen ihn und verlangten, er solle seine Genossen und die vermeintliche Organisation verraten, auf deren Befehl er – so meinten sie – eine ‹solche unverschämte Demonstration› unternommen habe.

Frühere Zöglinge: B. Cukier, H. Kaliszer und Ch. Bursztyn haben 300 Złoty gesammelt und Korczak damit aus dem Gefängnis befreit. Sie haben ihn vor dem Urteilsspruch herausbekommen.

Das Urteil, das im März verkündet wurde, verurteilte Korczak zu mehreren Monaten Gefängnis, die in eine Geldstrafe umgewandelt werden konnten. Der Polizist, der den Zahlungsbefehl aushändigen sollte, hielt diesen bis zum letzten Termin zurück und überbrachte ihn erst am 1. Juni 1942.»[174]

Soweit Igor Newerly. Korczak erwähnt im Tagebucheintrag vom 29. Mai 1942, der vermutlich an den folgenden Tagen ohne Datumsänderung fortgesetzt wurde, daß er eine Zahlungsaufforderung erhalten habe. *Ich erhielt eine Aufforderung, wegen meiner Angelegenheit, die Strafe zu bezahlen. Jeden Monat fünfhundert Złoty. Der Brief, der Mitte März abge-*

Kinder im Getto, 1941

schickt wurde, traf erst gestern ein. Also müßte ich mit dem heutigen Tag (1. VI.) eintausendfünfhundert Złoty einzahlen. Bei Terminüberschreitung ist die ganze Summe fällig, das wären dreitausend oder fünftausend – ich weiß es nicht mehr so genau.

Es geht darum, daß sie mein Postsparbuch mit dreitausend Złoty nehmen. Ich habe ihnen das bei meiner Aussage in der Szucha-Allee angeboten. Ich habe diesen Vorschlag gemacht, als sie mich fragten, ob die Gemeinde Lösegeld für mich hinterlegen könne, damit ich aus der Haft entlassen würde.

⟨*Du willst also nicht, daß die Gemeinde für dich zahlt?*⟩

⟨*Nein.*⟩

Danach wurde zu Protokoll genommen, daß ich dreitausend Złoty auf der Postsparkasse hätte. [175]

Die Lage im Getto verschlechtert sich von Woche zu Woche. Korczak spürt, wie seine Widerstandskräfte nachlassen. Er fühlt sich physisch am Ende: *Ich kann nicht mehr. Wirklich, ich kann nicht mehr* [176], notiert er Ende Mai. In der nächsten Nacht beschreibt er folgende Szene: *Auf dem Gehsteig liegt ein toter Junge. Daneben bessern drei Buben mit einer Schnur ihre Zügel aus. Auf einmal bemerken sie den Daliegenden – und treten ein paar Schritte zurück, ohne ihr Spiel zu unterbrechen.* [177] Korczaks Gesundheitszustand wird immer schlechter. *Ich huste. Das ist eine schwere Arbeit. Vom Gehsteig auf die Fahrbahn hinuntersteigen, von dort wieder auf den Gehsteig klettern. Ein Passant stieß mich: ich schwankte und lehnte mich an eine Hauswand.*

Aber das ist keine Schwäche. Ohne allzu große Anstrengung hob ich einen Schulbuben hoch, dreißig Kilogramm lebendigen, widerspenstigen Gewichts. Nicht die Kraft fehlt, es fehlt die Willensstärke. Wie bei einem Kokainsüchtigen. Ich dachte schon, es könne am Tabak liegen, am rohen Gemüse, an der Luft, die wir atmen. Denn es geht nicht mir allein so.

Schlafwandler – Morphinisten.

Ebenso ist es mit dem Gedächtnis.

Es kommt vor, daß ich wegen einer wichtigen Angelegenheit jemanden aufsuche. Auf der Treppe bleibe ich stehen:

«Weswegen will ich eigentlich zu ihm?» Langes Nachdenken und dann voller Erleichterung: «Ach ja, ich weiß schon wieder . . .» [178]

In dieser Situation übernahm er noch die Verantwortung für ein zweites Waisenhaus, das der jüdischen Gemeinde in der Dzielnastraße. In diesem Haus – Korczak nannte es ein *Leichenhaus* – herrschten katastrophale Verhältnisse: Not, Hunger, Krankheit und dazu offensichtlich noch ein korruptes Personal, gegen das sich Korczak mit großer Mühe durchzusetzen versuchte. Seit Februar 1942 gehörte auch dieses Heim zu seinem täglichen Aufgabenbereich. Wie schwierig und undankbar diese Aufgabe war, macht eine Tagebuchnotiz vom 29. Mai 1942 deutlich: *Ein Kollege oder zwei von der Dzielnastraße haben mich – nicht ohne Mitwirkung einer*

Kollegin (nicht aus der Dzielnastraße) – beim Gesundheitsrat oder bei der Gesundheitskammer denunziert, ich verheimlichte Typhusfälle. Die Vernachlässigung der Meldepflicht eines jeden Krankheitsfalles zieht die Todesstrafe nach sich.

Ich war im Gesundheitsamt, und irgendwie ist die Sache bereinigt und für die Zukunft geregelt worden. Ich habe zwei Briefe an zwei verschiedene Ämter geschrieben. [179]

Trotz dieser bedrohlichen und lebensgefährlichen Zwischenfälle setzte sich Korczak auch weiter für das Waisenhaus in der Dzielnastraße ein, und er scheint einigen Erfolg dabei gehabt zu haben. Ludwik Hirszfeld berichtet: «Es gab da ein Findelhaus in der Dzielnastraße. Es war die Hölle auf Erden. In den für einige hundert Kinder gedachten Räumen waren mehrere tausend Kinder untergebracht. Beim Betreten schlug einem der Geruch von Kot und Urin entgegen. Die Säuglinge lagen im Schmutz. Es gab keine Windeln. Im Winter gefror der Urin, und auf diesem Eis lagen die erfrorenen kleinen Leichen. Die etwas älteren Kinder saßen tagelang auf dem Fußboden oder auf Bänken, wiegten sich eintönig hin und her und lebten wie die Tiere von Mahlzeit zu Mahlzeit, auf die karge, allzu karge Nahrung wartend. Flecktyphus und Ruhr wüteten. Die Ärzte waren keine schlechten Menschen, sie waren nur nicht in der Lage, der geradezu unglaublichen Diebstähle des Personals, das von diesem Elend zehrte, Herr zu werden. Dr. Korczak übernahm es, diesen Augiasstall auszumisten. Mit Hilfe von Frau Dr. Zandowa und Frau Henryka Mayzlowa brachte er dies ‹Haus des Todes› innerhalb weniger Wochen einigermaßen in Ordnung.» [180]

Auch in Korczaks eigenem Waisenhaus, in dem während dieser schrecklichen Monate offensichtlich kein Kind stirbt, verschlechtert sich die Lage von Tag zu Tag. Besorgt äußert sich Korczak über die apathische Stimmung, die unter den Kindern aufkommt: *Unser Haus ist jetzt ein Altersheim. In der Isolierstation habe ich gegenwärtig sieben Kranke, davon drei neue. Das Alter der Patienten: vom Siebenjährigen bis zum sechzigjährigen Azryl, der stöhnend und mit hängenden Beinen auf seinem Bettrand sitzt und sich auf eine Stuhllehne stützt . . .*

Die Kinder schleichen umher. Nur die äußere Haut ist normal. Aber darunter sind Erschöpfung, Unlust, Zorn, Aufruhr, Mißtrauen, Traurigkeit und Sehnsucht verborgen. Schmerzlich ist der Ernst ihrer Tagebuchnotizen. Wenn ich auf ihre vertraulichen Mitteilungen eingehe, dann spreche ich zu ihnen als Gleicher zu Gleichen. Wir haben gemeinsame Erlebnisse – sie und ich. Die meinen sind etwas verdünnter, verwässerter – aber sonst die gleichen. [181]

Trotzdem: Korczak nimmt sich noch Zeit für pädagogische Konferenzen, trifft sich mit den Mitarbeitern und seinen Studenten und ist selbst in dieser Notlage noch pädagogisch erfinderisch:

Ich habe einen Toiletten-Tarif festgelegt:

1. Für ein kleines Geschäft muß man fünf Fliegen fangen.
2. Für ein großes – zweiter Klasse . . . – zehn Fliegen.
3. Erster Klasse – mit Sitz – fünfzehn Fliegen.
Einer fragt: «Kann ich nicht später bezahlen (mit Fliegen), ich muß so nötig?»
Ein anderer: «Mach nur, mach . . . ich fange sie für dich.»
Eine im Isolierraum gefangene Fliege zählt für zwei.
«Zählt das auch, wenn eine schon getroffene Fliege wieder fortfliegt?»
. . . Wie das halt so geht. Aber die Fliegen sind weniger geworden . . .
Die Gutwilligkeit einer solchen Schar – das ist eine Macht. [182]

Unter der Oberfläche solcher fast heiteren Situationen schien es zu ko-
chen, und Korczak befürchtete den Zusammenbruch der Gemeinschaft:
*Ich gehe durch den Schlafsaal. Ob es zu einer Massenhysterie kommt? Das
könnte schon sein!* [183] Verzweifelt kämpfte er mit seinen Mitarbeitern gegen die Langeweile der Kinder an. Die Kinder hatten kaum Auslauf und
mußten irgendwie beschäftigt werden. Am 17. Juli führten die Kinder ein
kleines Theaterstück auf, das Esther Winogroń, eine junge Erzieherin in
Korczaks Mitarbeiterstab, mit ihnen einstudiert hatte. Korczak notiert in
seinem Tagebuch: *Am nächsten Tag . . . eine Theateraufführung. «Das
Postamt» von Tagore. Publikumserfolg, Händedrücke, Lächeln, Versuche, ein herzliches Gespräch anzuknüpfen.* [184] Die Kinder führten mit diesem Stück von Rabindranath Tagore, dem Literaturnobelpreisträger des
Jahres 1913, ihr eigenes Schicksal auf. Das Stück handelt von Amal, dem

Einladung zum Theaterstück «Das Postamt», wenige Wochen vor der Deportation

Warszawa, dnia 15 lipca 1942 r.

Nie jesteśmy skłonni obiecywać, nie mając pewności.

Pewni jesteśmy, że godzina pięknej bajki myśliciela i poe-
ty da warunienie – najwyższego szczebla, drabiny uczuć.

Przeto prosimy na sobotę dn. 18 lipca 1942 r. godz. 4,30 pp.

Dyrektor Domu Sierot

/ Z nienapisanej recenzji "Żywego Dziennika" /
. . . . Pierwszy prawdziwie artystyczny spektakl od 1939 r.

Coś więcej niż tekst   – bo nastrój;
Coś więcej niż emocja   – bo przeżycie;
Coś więcej niż aktorzy – bo dzieci ;

/ – / Władysław Szlengel

Wejście bezpłatne.

Adoptivkind des Madhav. Amal ist krank, schwer krank und darf auf Anweisung des Arztes das Haus nicht verlassen. Obwohl wenig Hoffnung auf Genesung besteht, tut Madhav alles für den kranken Jungen. Vom Fenster aus beobachtet er das Leben um sich herum und kommt mit den Menschen ins Gespräch: mit dem Milchmann, dem Wächter, dem Blumenmädchen Sudha und den Kindern auf dem Hof. Sehnsüchtig wartet Amal auf jemanden, der ihn aus seiner Enklave befreien kommt: «Wann wird denn dieser große Doktor zu mir kommen? Ich kann es hier drinnen gar nicht mehr aushalten»[185], heißt es an einer Stelle. Hier, im Stück des indischen Dichters Tagore, kam die Situation der Kinder und der anderen Gettobewohner exakt zum Ausdruck, und die Zuschauer waren von der Aufführung betroffen. Es gibt bewegte Berichte über diesen Abend; der ausführlichste stammt von Stella Eliasberg.[186] Stella berichtet, wie sich die Zuschauer von dem Stück haben mitreißen lassen und wie bedrükkend realistisch alle das Stück empfunden hätten. Der Tod erscheint dem kleinen Amal am Ende des Stückes als Erlösung. Das verstanden die Zuschauer genau.

Einige Tage nach der Aufführung ist Esther Winogroń, die junge Mitarbeiterin und Regisseurin des Stückes, verschwunden. Korczak erwähnt sie noch in einer Tagebuchnotiz vom 1. August: *Fräulein Esther möchte weder ein lustiges noch ein leichtes Leben haben – aber ein schönes. Sie hinterließ uns bei diesem vorläufigen Abschied «Das Postamt».*
Wenn sie jetzt nicht hierher zurückkehrt, dann treffen wir uns später woanders wieder.[187] Einige Tage später, am 4. August, heißt es: *Alle Bemühungen, Esther freizubekommen, sind gescheitert. Ich war mir auch nicht sicher, ob ich ihr im Falle eines Erfolges wirklich genützt, oder ob ich ihr nicht vielmehr geschadet, Unrecht getan hätte.*[188] Was Korczak nicht wußte: Esther war für immer verschwunden. Sie wurde gleich zu Beginn der Liquidation des Gettos festgenommen und mit einem der ersten Züge nach Treblinka verschleppt. Mehr wissen wir von ihr nicht.

Am 22. Juli 1942 feiert Korczak seinen Geburtstag. Es ist der Tag, an dem mit der Auflösung des Warschauer Gettos begonnen wird. Was sich seit Jahren schon mit dem Begriff ‹Endlösung der Judenfrage› verband, wurde tatsächlich Realität: die organisierte, rational geplante Vernichtung des jüdischen Volkes.

Dazu nur die wichtigsten Daten. Am 27. März 1942, also zwei Monate nach der sogenannten Wannseekonferenz, notiert Joseph Goebbels in sein Tagebuch: «Aus dem Generalgouvernement werden jetzt, bei Lublin beginnend, die Juden nach dem Osten abgeschoben. Es wird hier ein ziemlich barbarisches und nicht näher zu beschreibendes Verfahren angewandt, und von den Juden selbst bleibt nicht mehr viel übrig. Im großen kann man wohl feststellen, daß 60 Prozent davon liquidiert werden müssen, während nur noch 40 Prozent in die Arbeit eingesetzt werden kön-

Rabindranath Tagore

nen. Der ehemalige Gauleiter von Wien, der diese Aktion durchführt, tut das mit ziemlicher Umsicht und auch mit einem Verfahren, das nicht allzu auffällig wirkt ...Man darf in diesen Dingen keine Sentimentalität obwalten lassen ... Auch hier ist der Führer der unentwegte Vorkämpfer und Wortführer einer radikalen Lösung ...» [189]

Ende Juli teilt der Staatssekretär im Reichsverkehrsministerium, Dr. Ganzmüller, dem Leiter des persönlichen Stabes von Heinrich Himmler, dem SS-Obergruppenführer Wolff in einem Brief mit, daß «seit dem 22. 7. ... täglich ein Zug mit je 5000 Juden von Warschau ... nach Treblinka, außerdem zweimal wöchentlich ein Zug mit 5000 Juden von Przemysl nach Belzec [fährt]» [190]. Tatsächlich erging am 22. Juli der Befehl an den Warschauer Judenrat, «daß täglich ab 22. 7. 1942 bis spätestens 16 Uhr 6000 Juden zum Sammelplatz gestellt werden» [191].

Dem Rabbiner Wladimir Blumenfeld, der dank einer Kette von Zufällen mehrere Lager überlebt hatte und nach abenteuerlichen Transporten

131

Kinder aus dem Warschauer Getto vor ihrem Abtransport

im April 1945 nach Buchenwald kam, verdanken wir einen ausführlichen Bericht über die Situation in Warschau. Blumenfeld schreibt: «Am 20. Juli kamen nach Warschau Kompanien der SS-Standarte ‹Reinhard Heydrich› vom Vernichtungskommando Lublin, unter Leitung des SS-Obersturmführers Tumann. Am 22. Juli 1942 umstellte die ukrainische SS die Mauern des Gettos. Eine Bekanntmachung wurde plakatiert: ‹Alle Juden, Männer, Frauen und Kinder, sofern sie nicht in deutschen Betrieben, Rüstungswerken oder in der Getto-Verwaltung beschäftigt sind, müssen das Getto verlassen.› Sie sollten nach dem Osten gebracht werden, um im Aufbau der dort zerstörten Gebiete Verwendung zu finden. Das Amt des Zivilkommissars wurde aufgelöst, an seine Stelle trat ein ‹SS-Aussiedlungsstab› unter der Leitung des SS-Untersturmführers Brand, der sich im Getto, Eisengruberstraße 103, niederließ. Verantwortlich für den regelmäßigen Gang der Aussiedlung war der Judenrat. Täglich mußten von ihm 10 000 Personen gestellt werden. Ingenieur Czerniakow erklärte, dazu nicht in der Lage zu sein. Daraufhin wurden Abraham Geppner, Rabbi Schapiro, Redakteur Eckermann, Dr. Milejkowski und 20 weitere Judenrats-Mitglieder verhaftet, um die Durchführung zu gewährleisten. Ingenieur Czerniakow beging mit seiner Gattin Selbstmord durch Vergiftung. Ein getaufter Jude, ehemaliger Oberst der polnischen Kriminalpolizei, Jakob Sczerinzky, wurde kommissarischer Leiter des Judenrates und Chef der Getto-Polizei. Die Aussiedlung begann. Täglich wurden Häuserblocks umstellt, wer gerade anwesend war, ob in Wohnungen oder auf der Straße, mußte mit, wurde auf die Bahnhofsrampe gebracht und in Güterwaggons gepfercht ... Plakate forderten die Juden auf, sich freiwillig zum Abtransport nach dem Osten zu melden, das Leben sei dort viel leichter als in der Enge des Gettos. Die Versorgung mit Lebensmitteln im Getto wurde gedrosselt, hingegen wurden für die Abreise jeder Person 3 Kilogramm Brot und ½ Kilogramm Marmelade zugeteilt. Um die Juden gefügiger zu machen, wurde außerdem die Wasserzufuhr eingestellt. Der Erfolg blieb nicht aus; die Juden meldeten sich ‹freiwillig› ... Viele Juden versuchten sich zu verbergen, da sie ahnten, was sie erwartete, obwohl aus Maljinka bei Treblinka Karten eintrafen, in denen mitgeteilt wurde, daß es den Ausgesiedelten recht gut gehe. Man fühlte instinktiv, daß diese Postkarten, die durch die Ähnlichkeit des Textes auffielen, nicht der Wahrheit entsprachen, sondern nur die einzige Möglichkeit darstellten, überhaupt noch ein Lebenszeichen zu geben. Aus dem Getto gab es aber kein Entrinnen, die Aussiedlung wurde fortgesetzt.»[192] Viele Menschen glaubten an die von den Deutschen verbreitete Verlautbarung, der Zweck der Deportation sei ein großes Bauvorhaben in der Nähe von Minsk und die Aussiedler würden dort als Arbeitskräfte eingesetzt. Bis zum Schluß wurde diese Illusion genährt. Doch alle Anzeichen sprachen gegen diese Version, denn zuerst wurden Bettler, Gefängnisinsassen und Kranke aus dem Getto abtransportiert.

Korczak glaubte, man würde die Kinder verschonen. Es kam anders. Anfang August wurde auch Korczaks Waisenhaus von SS-Truppen umstellt, und die Kinder und Erzieher wurden aufgefordert, das Haus zu verlassen und sich auf der Straße zu versammeln. An welchem Tag das geschah, ist nicht mehr genau feststellbar. Gerald Reitling gibt in seiner Studie «Die Endlösung» den 28. Juli an, was sehr unwahrscheinlich ist, da Korczak noch am 4. August Tagebuch geführt hat, was Reitling noch nicht kannte. In einer Broschüre der Widerstandsbewegung «Wolność» (Freiheit) heißt es in einer Tagebuchnotiz vom 3. August: «Gestern wurde das Internat, dessen Leiter der bekannte Erzieher und Schriftsteller Janusz Korczak war, geschlossen deportiert. Die Deutschen erlaubten dem Pädagogen zu bleiben, doch er lehnte das Angebot ab. Aber schon auf dem Umschlagplatz wurde Korczak von den Zöglingen getrennt und in einem anderen Waggon verstaut. Zeugen dieser Szene behaupten, noch nie etwas Ergreifenderes gesehen zu haben ...»[193]

Emmanuel Ringelblum schreibt: «Über den Weg Korczaks nach Treblinka gab der frühere Sekretär der jüdischen Gemeinde, Nahum Remba, der vielen Menschen das Leben rettete, einen Bericht. Remba postierte Korczak und die ... Kinder am Rande des Transportplatzes an die Mauer, um sie vielleicht bis zum nächsten Tag vor der Verladung retten zu können. Dann schlug er Korczak vor, mit ihm zur Gemeinde zu

Das zerstörte Warschau bei Kriegsende

gehen, vielleicht bestehe die Möglichkeit einer Intervention. Korczak schlug dies ab, er wollte ‹die Kinder nicht einmal eine Minute allein lassen›. Nun begann die Verladung in die Eisenbahnwaggons. Man lud immerfort ein, aber es war immer noch Raum frei ... Dieses Bild werde ich nie und nimmer vergessen.» [194]

Von Igor Newerly ist folgender Bericht überliefert: «Am 8. August
mußten auch seine Waisenkinder zum sogenannten Umschlagplatz am
Danzigerbahnhof. Von dort ging es in den Tod. Das wußte jeder. Zum
letzten Mal gingen die zweihundert Kinder in geschlossener Ordnung aus
dem Waisenhaus ins Getto durch die Straßen von Warschau. Korczak und

135

Die letzte Aufnahme von Janusz Korczak (aus einem Meldebogen)

seine Mitarbeiterin Frau Stefania Wilczyńska ... liefen voran. Ich weiß nicht genau, wie lange der gespenstige Zug gedauert hat und wie lange sie warten mußten, bis die Waggons gekommen waren. Nachdem die Schiebetüren dann hinter ihnen geschlossen waren, haben wir nichts mehr in Erfahrung bringen können, nur, daß alle in Treblinka umgebracht wurden ... Als die Kinder schon einwaggoniert waren, erfuhr der deutsche Platzkommandant, daß der hagere, alte Mann mit dem kurzen Bart, der die

Kinder begleitete, Janusz Korczak hieß. Es fand dann folgendes Gespräch statt:

‹Sie haben den *Bankrott des kleinen Jack* geschrieben?›

‹Ja.›

‹Ein gutes Buch. Ich habe es gelesen, als ich noch klein war. Steigen Sie aus.›

‹Und die Kinder ...›

‹Die Kinder fahren. Aber Sie können hierbleiben.›

‹Sie irren sich›, erwiderte Korczak, ‹nicht jeder ist ein Schuft›, und er schlug die Waggontür hinter sich zu.»[195]

Wahrscheinlich geschah dies alles am 5. August 1942. Am 4. August, früh morgens, notiert Korczak in sein Tagebuch:

Ich begieße die Blumen. Meine Glatze am Fenster – ein gutes Ziel.

Er hat einen Karabiner. Warum steht er da und betrachtet mich so friedlich?

Er hat keinen Befehl.

Vielleicht war er im bürgerlichen Leben Dorfschullehrer, vielleicht Notar, Straßenkehrer in Leipzig oder Kellner in Köln?

Was würde er tun, wenn ich ihm zunickte? Freundlich winken?

Vielleicht weiß er gar nicht, daß es so ist, wie es ist?

Vielleicht ist er erst gestern von weither gekommen ...[196]

Hier bricht der Strom seines Schreibens ab, und die Spuren seines Lebens verlieren sich in der grausamen Anonymität der Massendeportation. Die nationalsozialistische Todesmaschinerie hat die letzten Spuren perfekt verwischt. Im Vernichtungslager Treblinka widerfuhr Korczak, Stefania Wilczyńska und den Kindern des Waisenhauses das anonyme Schicksal von Millionen Ermordeter. Was dort geschah, weiß niemand mehr. Vermutlich wurde Korczak bald nach der Ankunft in Treblinka von den Kindern gewaltsam getrennt, vielleicht auch schon vorher. In der Todesmaschinerie gab es keine Rücksichtnahme.

Was bleibt ist die Erinnerung, die der schlimmste Terror, der je von Menschen verübt wurde, nicht zerstören konnte. Noch einmal Korczak:

Ich wünsche niemandem etwas Böses. Ich kann das nicht. Ich weiß nicht, wie man das macht.[197]

Anmerkungen

Im Anmerkungsapparat wurden folgende Abkürzungen eingeführt:

RaA = *Das Recht des Kindes auf Achtung.* Göttingen 1970.
WL = *Wie man ein Kind lieben soll.* Göttingen 1967.
VK = *Verteidigt die Kinder.* Gütersloh 1978.
BuE = *Begegnungen und Erfahrungen.* Göttingen 1973.
Wkb = *Wenn ich wieder klein bin.* Göttingen 1973.
KuV = *Von Kindern und anderen Vorbildern.* Gütersloh 1979.
SdV = *Senat der Verrückten.* Frankfurt 1985.
KdB = *Die Kinder der Bibel.* Gütersloh 1982.

1 Löwith, Karl: Weltgeschichte und Heilsgeschehen. 6. Auflage, Stuttgart/Berlin/Köln/Mainz 1973, S. 31.
2 Dauzenroth, Erich: Ein Leben für Kinder. Janusz Korczak. Leben und Werk. Gütersloh 1981, S. 9.
3 Ebenda.
4 Adorno, Theodor W.: Einleitung in die Musiksoziologie. Reinbek 1968, S. 105.
5 Zitiert nach Mortkowicz-Olczakowa, Hanna: Janusz Korczak. Arzt und Pädagoge. München/Salzburg 1967, S. 12f.
6 Zitiert nach Biewend, Edith: Lieben ohne Illusion. Heilbronn 1974, S. 5.
7 RaA, S. 332.
8 Mortkowicz-Olczakowa: Janusz Korczak, S. 19.
9 RaA, S. 267.
10 Zitiert nach Falkowska, Maria: Social Work Tradition at the Goldszmit Family. In: Bulletin of the Janusz Korczak International Association. Warszawa 1982, S. 29 (Übersetzung: W. Pelzer).
11 RaA, S. 250f.
12 RaA, S. 304.
13 RaA, S. 271.
14 Biewend, Edith: Lieben ohne Illusion, S. 11.
15 WL, S. 29.
16 VK, S. 51.
17 RaA, S. 323.
18 Ebenda.
19 RaA, S. 304.
20 RaA, S. 277.
21 BuE, S. 49.
22 Zitiert nach Jaworski, Marek. Janusz Korczak, Leipzig 1979, S. 19.
23 A. a. O., S. 20.
24 A. a. O., S. 151.
25 Mündliche Mitteilung von Kazimierz Dębnicki.
26 Graubner, Bernd: Korczaks Aufenthalt in Berlin (1907/8). In: Beiner, Friedhelm (Hg.): Janusz Korczak. Heinsberg 1982, S. 147.

27 Zitiert nach Graubner, a. a. O.,
S. 147.

28 A. a. O., S. 153.

29 A. a. O., S. 154.

30 BuE, S. 39.

31 WL, S. 222.

32 RaA, S. 232f.

33 RaA, S. 294f.

34 Biewend, Edith: Lieben ohne Illusion.

35 Roos, Hans: Einführung zu Korczak: *Eine Schule für das Leben*. In: BuE, S. 24.

36 Ebenda.

37 WL, S. 234f und S. 243.

38 WL, S. 241f.

39 WL, S. 247.

40 WL, S. 245.

41 WL, S. 240.

42 WL, S. 156.

43 Mortkowicz-Olczakowa, Hanna: Janusz Korczak, S. 40.

44 Kant, Immanuel: Über Pädagogik. In: Werke. Hg. von Wilhelm Weischedel, Frankfurt 1968, Bd. XII, S. 699.

45 So lautet der Untertitel der Textsammlung «Verteidigt die Kinder».

46 VK, S. 12.

47 WL, S. 226.

48 Adorno, Theodor W.: Negative Dialektik. Frankfurt 1966, S. 34.

49 WL, S. 228.

50 WL, S. 227.

51 WL, S. 229.

52 Ebenda.

53 WL, S. 171.

54 WL, S. 60.

55 WL, S. 104.

56 WL, S. 214.

57 WL, S. 40.

58 Dazu: Rest, Franco H.: Das Recht des Kindes auf seinen Tod. In: Beiner, Friedhelm (Hg.): Zweites Wuppertaler Korczak-Kolloquium. Wuppertal 1984, S. 221f.

59 Selbald, Hans/Krauth, Christine:
Ich will ja nur dein Bestes. Wien/Düsseldorf 1981, S. 151.

60 Adorno, Theodor W.: Philosophische Terminologie. Frankfurt 1974, Bd. II, S. 236.

61 WL, S. 270.

62 WL, S. 44.

63 WL, S. 48.

64 VK, S. 112.

65 WL, S. 43.

66 Pelzer, Wolfgang: Das Recht auf Beanspruchung. Fredeburg 1983.

67 VK, S. 20.

68 Schleiermacher, Friedrich E. D.: Ausgewählte pädagogische Schriften. Hg. von Theodor Rutt. 2. Auflage, Paderborn 1964, S. 82.

69 A. a. O., S. 84.

70 Ebenda.

71 WL, S. 45.

72 Dagegen: Görtzen, René: Weg met de povoeding. Amsterdam 1984.

73 RaA, S. 332.

74 Camus, Albert: Der Mensch in der Revolte. Reinbek 1981, S. 246.

75 VK, S. 17.

76 WL, S. 157.

77 WL, S. 56.

78 VK, S. 15f.

79 Lewin, Aleksander (Hg.): Janusz Korczak. Bibliografia 1896–1942. Heinsberg 1985, S. 42.

80 Vgl. Anm. 6.

81 KuV, S. 119.

82 WL, S. 139.

83 Weigelt, Peter: Im Stall und auf der Weide. Wie kommt die Pädagogik ans Kind? In: Kursbuch 80. Berlin 1985, S. 131.

84 WL, S. 198.

85 WL, S. 46.

86 KuV, S. 72.

87 Ebenda.

88 WL, S. 46.

89 KuV, S. 72.

90 WL, S. 46.

91 Ebenda.

92 WL, S. 18.

93 WL, S. 150.
94 Dazu: Newerly, Igor: Maryna Falska. In: RaA, S. 242f.
95 WL, S. 162.
96 Szlązakowa, Alicja: Janusz Korczak. Warszawa 1978, S. 37.
97 Härtling, Peter: Vorwort zu KuV, S. 14.
98 WL, S. 154.
99 WL, S. 155.
100 WL, S. 162.
101 WL, S. 165.
102 WL, S. 165f.
103 VK, S. 32.
104 RaA, S. 277.
105 Dazu: Oelkers, Jürgen: Was ist poetische Pädagogik? In: Beiner, Friedhelm (Hg.): Zweites Wuppertaler Korczak-Kolloquium. Wuppertal 1984, S. 239.
106 KuV, S. 36.
107 Mortkowicz-Olczakowa, Hanna: Janusz Korczak, S. 89.
108 Ebenda.
109 WL, S. 182.
110 Mündliche Mitteilung.
111 WL, S. 282f.
112 WL, S. 284.
113 Zitiert nach Leppmann, Wolfgang: Rilke. Leben und Werk. Bern/München 1981, S. 238.
114 Rilke, Rainer Maria: Sämtliche Werke. Frankfurt 1975, Bd. XI, S. 728.
115 WL, S. 286f.
116 WL, S. 289.
117 Ebenda.
118 WL, S. 291.
119 Hentig, Hartmut von: Aufgeräumte Erfahrungen. München/Wien 1983, S. 133.
120 WL, S. 303.
121 Harari, Leon: Kleine Rundschau. Korczaks Zeitung für die Kinder. In: Licharz, Werner/Dauzenroth, Erich/Hampel, Adolf (Hg.): Janusz Korczak in seiner und in unserer Zeit. 2. Auflage, Frankfurt 1984, S. 107.
122 WL, S. 304.
123 WL, S. 330.
124 WL, S. 331.
125 WL, S. 339.
126 WL, S. 331.
127 Zitiert nach Deimling, Gerhard: Verzeihung als Sanktion. Das Gesetzbuch des Waisenhauses. In: Beiner, Friedhelm (Hg.): Zweites Wuppertaler Korczak-Kolloquium, S. 46.
128 Dazu: Merżan, Ida: Korczak – Erzieher der Erzieher. In: Dauzenroth, Erich/Hampel, Adolf (Hg.): Wer war Janusz Korczak? Gießen 1975, S. 44f.
129 Arnon, Jóseph: Wychowawca wychowawców. In: Lewin, Aleksander (Hg.): Wspomnienia o Januszu Korczaku. Warszawa 1981, S. 212f.
130 Hagari, Ada: Janusz Korczak als Kinder-Schriftsteller. In: Licharz, Werner/Dauzenroth, Erich/Hampel, Adolf (Hg.): Janusz Korczak in seiner und in unserer Zeit, S. 123f.
131 Biewend, Edith: Lieben ohne Illusion, S. 36.
132 Wkb, S. 34.
133 Wkb, S. 106.
134 Wkb, S. 166.
135 Wkb, S. 155.
136 Miller, Alice: Am Anfang war Erziehung. Frankfurt 1981.
137 SdV, S. 13.
138 SdV, S. 14.
139 SdV, S. 15.
140 SdV, S. 20.
141 Ebenda.
142 SdV, S. 66f.
143 SdV, S. 69.
144 SdV, S. 61.
145 SdV, S. 48.
146 KdB, S. 44.
147 KdB, S. 49.
148 Dazu: Lewin, Aleksander (Hg.): Janusz Korczak. Bibliografia 1896 bis 1942. Heinsberg 1985, S. 174f.

149 Zitiert nach Dauzenroth, Erich: Ein Leben für Kinder, S. 33.

150 Zitiert nach Mortkowicz-Olczakowa, Hanna: Janusz Korczak, S. 180f.

151 So äußerte sich Shimon Sachs in einem Brief an den Verfasser.

152 Mortkowicz-Olczakowa, Hanna: Janusz Korczak, S. 184.

153 Buber, Martin: Der utopische Sozialismus. Köln 1967, S. 221f.

154 RaA, S. 234.

155 Ebenda.

156 Mortkowicz-Olczakowa, Hanna: Janusz Korczak, S. 185.

157 A. a. O., S. 187f.

158 Tarnowski, Janusz: Janusz Korczak. Sein Leben und seine Aktualität. In: Licharz, Werner/Dauzenroth, Erich/Hampel, Adolf (Hg.): Janusz Korczak in seiner und in unserer Zeit, S. 35f.

159 Mortkowicz-Olczakowa, Hanna: Janusz Korczak, S. 188.

160 Dazu erscheint demnächst eine ausführliche Arbeit von Shimon Sachs, die zur Zeit noch nicht gedruckt vorliegt.

161 RaA, S. 262.

162 RaA, S. 333.

163 Wirpsza, Witold: Pole, wer bist du? Luzern/Frankfurt 1971, S. 145. Zitiert nach Dauzenroth, Erich: Zum Schicksal Janusz Korczaks und seiner Kinder. In: Frankfurter Hefte, 27. Jg., 1972, Heft 8, S. 587.

164 Dauzenroth: a. a. O., S. 587.

165 RaA, S. 239.

166 Dauzenroth: a. a. O., S. 588.

167 Zitiert nach Jaworski, Marek: Janusz Korczak, S. 110f.

168 Heydecker, Joe: Das Warschauer Ghetto. München 1983, S. 10.

169 A. a. O., S. 11.

170 Zitiert nach Jaworski, Marek: Janusz Korczak, S. 104f.

171 RaA, S. 311.

172 RaA, S. 340.

173 RaA, S. 311.

174 RaA, S. 302, Anm. 25.

175 RaA, S. 301f.

176 RaA, S. 283.

177 RaA, S. 284.

178 RaA, S. 286.

179 RaA, S. 293.

180 Zitiert nach Jaworski, Marek: Janusz Korczak, S. 121.

181 RaA, S. 324.

182 RaA, 318.

183 RaA, 326.

184 Ebenda.

185 Zitiert nach Dauzenroth, Erich: Amal und die Kinder des Gettos. In: Christ in der Gegenwart. Jg. 37, Freiburg 1985.

186 Eliasbergowa, Stella: Czas zagłady. In: Lewin, Aleksander (Hg.): Wspomnienia o Januszu Korczaku. Warszawa 1981, S. 299f.

187 RaA, S. 343.

188 Ebenda.

189 Zitiert nach Broszat, Martin/Jacobsen, Hans-Adolf/Krausnick, Helmut: Anatomie des SS-Staates, Bd. II. München 1967, S. 343f.

190 A. a. O., S. 344.

191 Ebenda.

192 Zitiert nach Kogon, Eugen: Der SS-Staat. Das System der deutschen Konzentrationslager. 8. Auflage. München 1974, S. 247f.

193 Zitiert nach Dauzenroth, Erich: Zum Schicksal Janusz Korczaks und seiner Kinder. In: Frankfurter Hefte, 27. Jg., 1972, Heft 8, S. 589.

194 A. a. O., S. 590.

195 A. a. O., S. 592.

196 RaA, S. 345.

197 Ebenda.

Zeittafel

1878 (?)	Am 22. Juli wird Korczak, Sohn von Jósef Goldszmit und Cecylia Goldszmit, geb. Gębicka, in Warschau geboren
1896	Erste Publikation *Der gordische Knoten*, veröffentlicht unter dem Pseudonym «Hen» in der Zeitschrift «Kolce» («Stacheln»)
1898–1905	Studium der Medizin an der Universität Warschau
1901	Reise nach Zürich. Es erscheint Korczaks erster Roman *Die Kinder der Straße*, zunächst periodisch in der Zeitschrift «Czytelni dla Wszystich». Korczak arbeitet für mehrere Zeitschriften, darunter die Zeitschriften «Kolce», «Głos» und «Czytelnia»
1903–1908	Mitarbeit in Sommerkolonien
1904	Korczak erhält eine Stelle als Arzt an der Baumann-Berson-Kinderklinik in Warschau
1904/05	Teilnahme am Russisch-Japanischen Krieg als Lazarettarzt
1906	Es erscheint Korczaks zweiter Roman *Kind des Salons* (geschrieben 1904–1905)
1907/08	Reise nach Berlin; Korczak praktiziert im Kaiser und Kaiserin-Friedrich-Kinderkrankenhaus und in der Psychiatrischen und Nervenklinik der Charité
1909	Es erscheint die Erzählung *Die Mojsches, Joscheks und andere Lausbuben*; Vorabdruck in der Zeitschrift «Promyk»
1910	Es erscheint die Erzählung *Von den Joscheks, Jascheks und Franeks*; auch hier Vorabdruck in der Zeitschrift «Promyk»
1911	Reise nach London und Paris. Korczak übernimmt das neu gegründete «Dom Sierot» in der Krochmalnastraße 92. Bis zur Auflösung des Waisenhauses im Jahre 1942 ist er dessen Direktor
1912	Es erscheint die Erzählung *Der Ruhm* (dt.: *Wladek*)
1913	*Bobo* (Erzählung)
1914–1918	Teilnahme am Ersten Weltkrieg als Chefarzt eines Divisionslazaretts
1918	Im Verlag Mortkowicz erscheint Korczaks wichtigste pädagogische Schrift *Wie man ein Kind lieben soll*
1918–1919	Teilnahme am Polnisch-Sowjetischen Krieg als Arzt der polnischen Armee in einem Seuchenlazarett in Łódź
1919	Zusammenarbeit mit Maryna Falska
1922	*Allein mit Gott. Gebete eines Menschen, der nicht betet.* *König Hänschen I.* (Roman)
1923	*König Hänschen auf der einsamen Insel*

1924	*Der Bankrott des kleinen Jack*
1925	*Wenn ich wieder klein bin*
1926	Gründung der Kinderzeitschrift *Mały Przegląd* (*Kleine Rundschau*)
1928	*Das Recht des Kindes auf Achtung*
1931	Uraufführung von Korczaks Theaterstück *Der Senat der Verrückten* im «Ateneum-Theater» in Warschau
1934	*Kajtuś der Zauberer*. Korczaks erste Reise nach Palästina
1934–1935	Mitarbeit am polnischen Rundfunk; Gestaltung von Programmen für Kinder unter dem Pseudonym *Der alte Doktor*
1936	Korczaks zweite Reise nach Palästina
1937	Auszeichnung mit dem «goldenen Lorbeer» der Polnischen Akademie für Literatur
1939	*Fröhliche Pädagogik*, eine Auswahl der Radiovorträge aus den Jahren 1934 und 1935. Ausbruch des Zweiten Weltkriegs
1940	Übersiedlung des Waisenhauses ins Warschauer Getto
1942	Anfang August werden Korczak, Stefania Wilczyńska und die Kinder des Waisenhauses nach Treblinka verschleppt. Dort verlieren sich ihre Spuren

Zeugnisse

Hartmut von Hentig
Korczak war kein Systematiker. Was seine Gedanken einander zuordnet, sind letztlich ein einziges Prinzip und eine einzige Tatsache: das Prinzip der Achtung vor den Kindern und die Tatsache seiner spontanen, uneingeschränkten, fast möchte man sagen, unpädagogischen Liebe zu ihnen.

Janusz Korczak oder Erziehung in einer friedlosen Welt (1972)

Peter Härtling
Ich weiß nicht, ob Korczak, der sich der Unmenschlichkeit opferte, um ihr im Namen seiner Kinder zu entgegnen, nicht doch noch zu verlieren droht. Unsere Zeit gibt gedankenlos preis, was er mühevoll errang. Er hat mit den Kindern aufbegehrt, ‹diesem revoltierenden Stamm›, ‹der nicht weiß, was er mit der kürzlich gewonnenen Freiheit anfangen soll›. Bis zu seinem Ende schrieb er an ihrer, der Kinder Unabhängigkeitserklärung. Sie liest sich einfacher und anders als alle vergleichbaren und doch nie von uns erfüllten Deklarationen. Sie meint eine Würde, die Fehler und Mängel einschließt, eine Offenheit, die nicht von Leistungswahn und Anpassungszwang gepreßt wird, eine Liebe, die sich nicht für ausschließlich hält, eine Nähe, die auch den Abstand kennt. Sie hält fest an einem Anfang, in dem sich alles entscheidet: Leben und Zusammenleben.

Für Korczak (1979)

Erich Dauzenroth
Korczak mochte nicht die Vokabeln ‹Opfer›, ‹Aufopferung› und ‹Hingabe›. Er würde den großen Nachrufern, wie einst den Helfern in seinen Waisenhäusern, entgegnen: ‹Es lügt derjenige, der sagt, daß er sich für etwas oder für jemanden opfert. Der eine liebt Karten, ein anderer Frauen; der eine läßt kein Pferderennen aus, und ich liebe Kinder. Ich opfere mich gar nicht, ich mache das nicht für sie, sondern für mich. Das ist für mich notwendig. Sie sollten den Worten über Aufopferung keinen Glauben schenken. Sie sind verlogen und heuchlerisch.› ... Zu Lebzeiten ein bißchen Anerkennung, ein wenig Bewunderung, viel Kopfschütteln, kein Dank, kein Ruhm: Korczak.

Korczaks Nachruhm (1982)

Symbolischer Grabstein auf dem Jüdischen Friedhof, Warschau

Stefan Wołoszyn
In der humanistischen Weltkultur gehört Janusz Korczak ohne Zweifel zu den moralischen Autoritäten der Menschheit wie etwa – in älteren Zeiten – Sokrates oder Pestalozzi und – in neuerer Zeit – Makarenko, Gandhi oder Schweitzer.

Nachwort zu Marek Jaworski: Janusz Korczak (1979)

145

Marek Jaworski

Die erzieherische Tätigkeit Janusz Korczaks, seine Ansichten und Anregungen auf dem Gebiet der Pädagogik sind von der Wissenschaft noch nicht vollständig ausgewertet und eingeordnet worden. Das ist eine keineswegs einfache Aufgabe, denn Korczaks Haltung war eine Verneinung jeglicher Orthodoxie. Er verheimlichte nie seine Zweifel – mehr noch, die interessantesten Bemerkungen über Erziehungsprozesse machte er gerade dann, wenn er seine Zweifel offen aussprach. Er strebte nicht danach, ein in sich geschlossenes pädagogisches System zu schaffen, obwohl sich der Grundriß eines solchen Systems anhand seiner zahlreichen Schriften über die Erziehung rekonstruieren läßt und Korczak in diesem Bereich ein Höchstmaß an Wissen aufzuweisen hatte. Er selbst betrachtete sich jedoch vor allem als Praktiker ...

Janusz Korczak (1979)

Jóseph Arnon

Mir war vergönnt, in den entscheidenden Jahren meiner Reifung Janusz Korczak zu begegnen ... Ich erlebte seine besondere Einstellung zur e r z i e h e r i s c h e n L i e b e , die nicht romantisch oder sentimental ist, auch nicht Barmherzigkeit fördert, sondern das Entdecken der ‹Leidensperlen› im Kind ... seine Auffassung von E r z i e h u n g a l s u n a u f h ö r l i c h e m S u c h e n ; es gibt keine unfehlbaren Erzieher. Nur wer von seinen Fehlern lernt, hat die Chance, einen Weg zu finden – im Leben wie in der Erziehung –, der seiner Persönlichkeit entspricht; sein F e s t h a l t e n a n d e r A u f g a b e , o h n e L o h n z u e r w a r t e n ...

Korczak suchen und finden (1978)

Igor Newerly

Bezeichnend für Korczak ist seine ausgesprochen objektive dialektische Betrachtung des Kindes. Für ihn gilt nicht das Kind im allgemeinen, sondern immer nur das Kind als Individuum. Nicht das Kind, wie es sein wird, sondern wie es ist – nicht wie es sein sollte, sondern wie es sein kann.

Einleitung zu Korczak: Wie man ein Kind lieben soll (1978)

Leon Harari

Janusz Korczak lebte mit dem Kind, nicht über ihm.

Erinnerungen an einen großen Menschen und Lehrer (1984)

Vom Geld ist die Rede, von wem noch?

«Dreißig Jahr war mein Leben ...

... eine unaufhörliche oeconomische Verwirrung und ein Kampf gegen eine zur Wuth treibende Bedrängnis der äußersten Armuth.» So klagte ein Mann, dessen Unternehmungen oft scheiterten. Mit 21 wollte er, nach der Zurück-zur-Natur-Mode seiner Zeit, Bauer werden. Seine Braut, aus reicher Kaufmannsfamilie, betrachtete das Projekt mit gesundem Mißtrauen, wenn sie auch bewunderte, «daß in der kurzen Zeit Du so vortrefflich die Prozente weißest zu calculiren». Mit Krediten kaufte er etwa 18 Hektar Land, begann mit dem Anbau und hoffte, wie er seiner Anna schrieb, bald «auch imstand zu kommen, Sie in Absicht auf die oeconomischen Einrichtungen beruhigen zu können». Die beiden heirateten, aber die Frau bemerkte bald, daß die Ausgaben größer waren, «als ich mir zu unserer einförmigen Lebensart vorstellte: In sieben Monaten belauftt sich die Summe auf bei 300 Gulden.» Die alteingesessenen Bauern und auch die eigenen Arbeiter betrachteten den bauernden Städter mit Skepsis und Hohn; Ungutes drang an die Ohren eines Kreditgebers, der sofort seine 15 000 Gulden zurückzog – und so begann die erste Pleite unseres Mannes. Er versuchte sich nun als Baumwollverleger, wieder ohne Erfolg und mit finanziellem Verlust für die Geldgeber. Aber er war um eine Erfahrung reicher: Als Textilindustrieller hatte er Kinder als Arbeitskräfte eingespannt und bemerkt, daß sie «bey geringer Arbeit ... ihren Unterhalt sich frühe selbst verdienen könnten». Er machte nun eine Anstalt für Kinder armer Leute auf, aber etliche liefen davon, weil es ihnen nicht gefiel, daß sie bei «allergemeinsten Speisen wie Erdäpfel und Ruben» auch noch den ganzen Tag arbeiten sollten. Wieder vor dem Ruin, mußte unser Mann sich an Gönner wenden, die ihm «für etwa sechs Jahre darlehnungsweise alljährlich einige wenige Gulden» vorstrecken sollten. Der völlige Bankrott konnte nur mit dem Erbteil seiner Frau verhindert werden. Bald geriet er wieder in finanzielle Bedrängnis, mußte Land verkaufen und war bald völlig verarmt. Nun, 34jährig, wurde er Schriftsteller und hatte bald großen Erfolg in ganz Europa. Seine Ideen waren von großem Einfluß auf das Schulwesen und die Erziehung. Er starb im Alter von 81 Jahren. Von wem war die Rede?
(Alphabetische Lösung:16–5–19–20–1–12–15–26–26–9)

Pfandbrief und Kommunalobligation

Meistgekaufte deutsche Wertpapiere - hoher Zinsertrag - schon ab 100 DM bei allen Banken und Sparkassen

Verbriefte Sicherheit

Maria Bronikowska

Die Wahrheit

Die Wahrheit ist in uns,
wenn wir sie suchen,
ihr dienen – die Treue halten.
Die Wahrheit können wir töten,
fälschen,
für immer verraten.
Sie ist der Stern der Unendlichkeit,
dem wir uns nähern
und den wir erreichen
im Augenblick des Todes.

Über Dich

Sie haben Dir eine Philosophie:
eine antike – sokratische,
platonische – stoische
angedichtet –
    für Dich ein System gesucht –
    Deine Gedanken und Taten
    durch Siebe geschüttelt.
Sie wollten Dich gliedern –
Deuten, benennen –
einer Partei, einer Richtung –
    einer Orientierung zuordnen –
    nicht nur Dein Leben nutzen,
    sondern auch Deinen Tod.
Sie dichteten eine große
legenda aurea über Dich,
einen Psalm –
    Du aber hast Dich ihnen entzogen –
    weil Du nicht einfach,
    sondern alltäglich warst –
Menschlich und freundlich,
bescheiden und wichtig,
denn Du warst Du.
In dem Grau der Tage,
der Einsamkeit der Nacht,
die kein Ende hatte.

Die Wahrheit. Über Dich (1978)
(Deutsch von Karl Dedecius)

Bibliographie

Die vorliegende Bibliographie ist eine Auswahl. Verzeichnet wurden alle ins Deutsche übertragenen Schriften Korczaks und die in englischer, polnischer und russischer Sprache erschienenen Werkausgaben. Eine gute Orientierung über die Korczak-Literatur bietet die von Erich Dauzenroth und Adolf Hampel herausgegebene «Gießener Bibliographie» (1983). Zum Verständnis von Leben und Werk Korczaks sind einige Biographien, Sammelbände und Aufsätze aufgeführt. Ein Verzeichnis der uferlosen Korczak-Literatur schied von vornherein aus.

1. Bibliographien und Forschungsberichte

Assmus, Ursula: Zur Bibliographie von Janusz Korczak. Eine Auswahl mit Erläuterungen. In: Börsenblatt für den Deutschen Buchhandel. Frankfurt 1972, Heft 73. Nachdruck in: Friedenspreis 1972. Hg. vom Börsenverein des deutschen Buchhandels. Frankfurt 1972.

Dauzenroth, Erich: Neue Publikationen über Janusz Korczak. In: Pädagogische Rundschau. Ratingen 1974, Heft 2.

Dauzenroth, Erich/Hampel, Adolf: Gießener Korczak-Bibliographie. 4. Auflage, Gießen 1983.

Dauzenroth, Erich: Zur Korczak-Rezeption in der Bundesrepublik Deutschland. In: Unsere Jugend. München 1982, Heft 7.

Lewin, Aleksander (Hg.): Janusz Korczak. Bibliografia 1896–1942. Heinsberg 1985.

Pörzgen, Rainer: Korczak-Bibliographie. München / New York / London / Paris 1982.

2. Internationale Werkausgaben

a) In polnischer Sprache
Wybór pism. Warszawa 1958.
Wybór pism pedagogicznych. Warszawa 1958.
Pisma wybrane. Warszawa 1978.

b) In englischer Sprache
Selected works. Warszawa 1967. Selection from Polish by Martin Wolins.
Ghetto Diary. New York 1978. Holocaust Library.
The Warsaw Ghetto Memoirs of Janusz Korczak. Washington 1978, ed. Edwin Kulawiec. University Press of America.

c) In russischer Sprache

ИЗБРАННЫЕ ПЕДАГОГИЧЕСКИЕ ПРОИЗВЕДЕНИЯ (Ausgewählte pädagogische Werke). Redaktion und Vorwort: M. Šabajeva. Moskau 1966.

3. Deutsche Ausgaben der Werke Korczaks

Der Bankrott des kleinen Jack. Aus dem Polnischen übersetzt von Aniela Gruszczyńska. Berlin 1935.

In der Sommerkolonie. In: Monatsschrift Polen, Warschau 1962, Heft 1.

Der Clown. In: Frankfurter Allgemeine Zeitung. 7. 8. 1963.

Bobo. In: Neue Sammlung. Göttingen 1967. Heft 2.

Wie man ein Kind lieben soll. Hg. von Elisabeth Heimpel und Hans Roos, mit einer Einleitung von Igor Newerly. Aus dem Polnischen von Armin Dross. Göttingen 1967.
In diesem Band: Das Kind in der Familie / Das Internat / Sommerkolonien / Das Waisenhaus.

Das Recht des Kindes auf Achtung. Hg. von Elisabeth Heimpel und Hans Roos. Aus dem Polnischen von Armin Dross. Göttingen 1970. In diesem Band: Das Recht des Kindes auf Achtung / Eine Unglückswoche / Über die Schulzeitung / Die Regeln des Lebens / Fröhliche Pädagogik / Bewerbung / Erinnerungen.

König Hänschen I. Aus dem Polnischen von Katja Weintraub. Göttingen 1970 (erschienen auch als dtv-junior 7128).

König Hänschen auf der einsamen Insel. Aus dem Polnischen von Katja Weintraub. Göttingen 1971 (erschienen auch als dtv-junior 7129).

König Macius der Erste. Roman in zwei Teilen für Leser jeden Alters. Aus dem Polnischen von Monika Heinker. Leipzig/ Weimar 1978.

Begegnungen und Erfahrungen. Kleine Essays. Aus dem Polnischen von Ruth Roos und Nina Kozlowski, mit einer Einführung zu «Eine Schule für das Leben» von Hans Roos. Göttingen 1973. In diesem Band: Die Einsamkeit des Kindes / Die Einsamkeit der Jugend / Die Einsamkeit des Alters / Eine Schule für das Leben: Das Leihhaus / Eine Fahrt durch das Land / Das Spital / Ein neuer Schüler / Die Volksküche. Das Arbeiterhaus / Unsere wissenschaftliche Abteilung / Die Vergnügungen. Das Volkshaus / Das Ausland / Ein letztes Kapitel.

Wenn ich wieder klein bin. Aus dem Polnischen von Ilka Boll, Armin Dross, Nina Kozlowski und Mieczysław Wójcicki. Göttingen 1973. In diesem Band: Wenn ich wieder klein bin / Die Mojsches, Joscheks und andere Lausbuben / Von den Joscheks, Jascheks und Franeks.

Wenn ich wieder klein bin. Eine Auswahl aus seinen Schriften. Ausgewählt von Günther Schulze. Berlin (Ost) 1978. In diesem Band: Wenn ich wieder klein bin / Die Regeln des Lebens / Fröhliche Pädagogik / Sommerkolonien / Das Kameradschaftsgericht / Die Einsamkeit des Kindes / Die Einsamkeit der Jugend / Die Einsamkeit des Alters.

Aus dem Krieg. Aus dem Polnischen von Martin Pollack. In: Pädagogische Rundschau. Ratingen 1974. Heft 2.

Brief an Róza. Aus dem Polnischen von Martin Pollack. In: Pädagogische Rundschau. Ratingen 1974, Heft 12.

Was ist zu machen, damit die Kinder pünktlich zur Schule kommen? In: DAU-ZENROTH, ERICH/HAMPEL, ADOLF (Hg.): Wer war Janusz Korczak? Gießen 1975.

Die Liebe zum Kind. Eine Auswahl aus seinen Schriften. Aus dem Polnischen von ARMIN DROSS, ausgewählt von GÜNTER SCHULZE. Berlin (Ost) 1975. In diesem Band: Das Kind in der Familie / Das Internat / Das Waisenhaus / Das Recht des Kindes auf Achtung / Bewerbung / Erinnerungen.

Lieber Junge. Aus dem Polnischen von MARTIN POLLACK. In: Person, Gruppe, Gesellschaft. Hildesheim 1977, Bd. IV.

Frühlingslied. Aus dem Polnischen von ILSE-RENATE WOMPEL. In: Korczak-Blätter II. Gießen 1978.

Verteidigt die Kinder. Erzählende Pädagogik. Aus dem Polnischen von WOLF-GANG GRYCZ und ILSE-RENATE WOMPEL, mit einem Vorwort von ERICH DAU-ZENROTH und ADOLF HAMPEL. Gütersloh 1978 (erschienen auch als GTB-Sie-benstern 1020). In diesem Band: Die Kaste der Autoritäten / Theorie und Pra-xis / Gefühl / Der Erzieher als Verteidiger / Ein ehrgeiziger Erzieher / Eine falsche Voraussage / Das offene Fenster / Leichtsinn / Soziale Unterentwick-lung / Bemerkungen über verschiedene Kindertypen / Die Unverbesserlichen / Der Sohn des Kriminellen / Der kleine Übeltäter / Kriminelle Kinder im Vor-schulalter / Für den Schutz des Kindes / Kinder, sie sind ... / Bildung / Mein Traum / Die Unglücklichen / Heiratsfähig / Schüler / Kannst du dich daran erinnern, Vater? / Meine Seele gähnt / Berufung / Savoir vivre / Schluß mit der Sauberkeit / Es lebe die Pünktlichkeit / Frank / Esthers Geheimnis / Frühlings-lied.

Von Kindern und anderen Vorbildern. Aus dem Polnischen von ILSE-RENATE WOMPEL, mit einem Vorwort von PETER HÄRTLING, ERICH DAUZENROTH und ADOLF HAMPEL. Gütersloh 1979. In diesem Band: ANNA KAMIEŃKA: Die Lüge des Doktor Korczak, übersetzt von KARL DEDECIUS / Ein kleines Wei-nen in der dunklen Nacht / Ein Gespräch im Sächsischen Garten / Einst waren sie Kinder / Die Resignierten / Illusionen / Das jüdische Kind / Gegen das Kin-derelend / Kummer der Schulzeit / Was hat uns das Wissen gegeben / Die ge-genwärtige Schule / Solidarität / Ein Dieb in der Schule für das Leben / Das Kinderparlament / Der Frühling und das Kind / Die Stunde des Glaubens / Das Schlimmste / Wer kann Erzieher werden / Die Erziehung des Erziehers durch das Kind / Vergebt mir, Kinder / Neujahr / Die Geschichte von Louis Pasteur / Tatsachenbilanz / Der Abschied.

Allein mit Gott – Gebete eines Menschen, der nicht betet. Aus dem Polnischen von WOLFGANG GRYCZ, mit einem Nachwort von ERICH DAUZENROTH und ADOLF HAMPEL. Gütersloh 1980.

Die Liebe zum Kind. 2. korrigierte Auflage. Berlin (Ost) 1980.

Die Kinder der Bibel. Aus dem Hebräischen von SHOSHANA SACHS, mit einem Nachwort von ERICH DAUZENROTH und ADOLF HAMPEL. Gütersloh 1982.

Warschauer Vorstadt. Aus: Kind des Salons. In: KARL DEDECIUS: Die Dichter Polens. Frankfurt 1982.

Wladek. Aus dem Polnischen von ADELHEIDE WOLF. Berlin 1982.

Die Kinder zuerst. Berlin (Ost) 1982.

Korczak. Das Kind lieben. Ein Lesebuch von ERICH DAUZENROTH und ADOLF HAMPEL. Frankfurt 1984 (Polnische Bibliothek Suhrkamp). In diesem Band: Der kleine Schrei im großen Lesesaal / Gebet einer Mutter / Bobo / Was die

Bibel nicht sagt / Gebet eines Mädchens / Gebet eines Jungen / Das Kind lieben / Das Recht des Kindes auf Achtung / König Hänschen I./Kinderparlament / Gebet eines Erziehers / Unverschämt kurz / Senat der Irren. Monolog des traurigen Bruders / Tagebuchblätter. Aus dem Warschauer Getto 1942 / Bewerbung. An das Personalbüro des Judenrates Februar 1942 / TAMARA KARREN: Doktors Silhouette / ERWIN SYLVANUS: Polnischer Jude – Jüdischer Pole? / JAN TWARDOWSKI: Christen können von ihm lernen / HARTMUT VON HENTIG: Erziehung und Politik / MARIA BRONIKOWSKA: Die Wahrheit. Über dich. EUGEN KOGON: Mit den Verlorenen gehen / ANNA KAMIEŃSKA: Die Lüge des Doktor Korczak / JÓSEPH ARNON: Korczak suchen und finden / THEOFIL HERDER-DORNEICH: Die Mitte der Mitten / PAPST JOHANNES PAUL II.: Ein Symbol.

Gott, kennst du Peterchen? Aus dem Polnischen von ADOLF HAMPEL. In: Janusz Korczak. Zweites Wuppertaler Kolloqium. Hg. von FRIEDHELM BEINER. Wuppertal 1984.

Unverschämt kurz. In: DAUZENROTH, ERICH/HAMPEL, ADOLF/LICHARZ, WERNER (Hg.): Janusz Korczak in seiner und in unserer Zeit. 2. Aufl. Frankfurt 1984.

Der Senat der Verrückten. Eine düstere Humoreske. Aus dem Polnischen von WINFRIED LIPSCHER, hg. von ADOLF HAMPEL und WERNER LICHARZ. Frankfurt 1985.

4. Dokumente, Archive, Sammlungen

DĘBNICKI, KAZIMIERZ (Hg.): Co mi dał Janusz Korczak (Was Korczak mir gab). Warszawa 1962.

LEWIN, ALEKSANDER (Hg.): Wspomnienia o Januszu Korczaku (Erinnerungen an Janusz Korczak. Mit Beiträgen von ehemaligen Mitarbeitern, Freunden und Bekannten Korczaks). Warszawa 1981.

Okruchy wspomnień. (Krümelchen der Erinnerung). Mit Beiträgen von Freunden, Mitarbeitern und Bekannten. Hg. von MIĘDZYNARODOE STOWARZYSZENIE im. Janusza Korczaka (Internationale Korczakgesellschaft). Warszawa 1984.

Korczak-Archiv. Kibbuz Lohamei Haghetaot, D. N. Asherat 25220, Israel.

Korczak-Archiv. Instytut Badań Pedagogicznych. ul. Górczewska 8. 01-180 Warszawa. VRP.

5. Gesamtdarstellungen, Aufsätze,
Einzeluntersuchungen

Akademie der Pädagogischen Wissenschaften der DDR (Hg.): Die pädagogischen Anschauungen Janusz Korczaks. Anregung und Verpflichtung. Berlin (Ost) 1978 (Manuskriptdruck). In diesem Band: SCHULZE, GÜNTER: Die pädagogischen Gedanken Janusz Korczaks / LINDNER, WERNER: Zur Einheit von Erziehung und Selbsterziehung im Werk Janusz Korczaks / SCHYMON, BRUNO: Janusz Korczak und seine Entwicklung zum Kinderschriftsteller / ENGEMANN, BARBARA: Zum Roman Korczaks ‹König Macius I.›/ BAHRO, GUNDULA: Die Bedeutung von Janusz Korczaks Erbe für die Kinderliteratur / SCHILLE,

JOACHIM: Zu einigen entwicklungsphysiologischen und -psychologischen Fragen im Werk Janusz Korczaks / STOLZ, HELMUT: Zum Recht des Kindes und des Erziehers / GÜNTHER, KARL-HEINZ: Janusz Korczak – ein bedeutender Pädagoge Polens / Veröffentlichungen von und über Korczak in der DDR (Auswahl).

ARNON, JÓSEPH: Korczak suchen und finden. In: DAUZENROTH, ERICH: Janusz Korczak, der Pestalozzi aus Warschau. Zürich 1978.

BEINER, FRIEDHELM (Hg.): Janusz Korczak. Zeugnisse einer lebendigen Pädagogik. Wasserberg 1982. In diesem Band: RAU, JOHANNES: Warum wir Korczak nicht vergessen dürfen / BEINER, FRIEDHELM: Wie man ein Kind lieben, verstehen und achten soll / DAUZENROTH, ERICH: Vierzig Jahre nach seinem Tod. Internationale Korczak-Rezeption / BOGUSZ, JÓSEF: Janusz Korczak. Brücke zwischen den Nationen / KONDO, JIRO: Warum ich mich als Japaner für Korczak interessiere / OELKERS, JÜRGEN: War Korczak Pädagoge? / WOMPEL, ILSE-RENATE: Janusz Korczak. Ein Reformpädagoge / LAX, ELISABETH; KIRCHHOFF, HELLA; BEINER, FRIEDHELM: Die Rechte des Kindes im Spiegel der Kinderbücher Korczaks / GRAUBNER, BERND: Korczaks Aufenthalt in Berlin (1907/08) / KLEIN, FERDINAND: Janusz Korczak und die heute irritierte (Heil-) Pädagogik / LICHARZ, WERNER: Wenn ihr nicht werdet wie die Kinder ... / KLUGE, KARL-JOSEF: Mein persönliches Wachstum durch die Begegnung mit Janusz Korczak in seinen Werken.

BEINER, FRIEDHELM (Hg.): Zweites Wuppertaler Korczak-Kolloquium. Korczak-Forschung und -Rezeption. Wuppertal 1984. In diesem Band: KORCZAK, JANUSZ: Gebet / Vorwort des Herausgebers / LEWIN, ALEKSANDER: Das Wesentliche in Korczaks Inspirationen / KLEIN, FERDINAND: Janusz Korczak – Hilfe beim Suchen des reinen Erziehungsbegriffs / KIRCHNER, MICHAEL: Janusz Korczak: «Wo aber ist der Arzt – der Mensch ist?» Gedanken zu seiner Anthropologie / DEIMLING, GERHARD: Verzeihung als Sanktion. Das Gesetzbuch des Waisenhauses / KIRCHHOFF, HELLA: Humor als Erzieherhaltung in der Pädagogik Janusz Korczaks / LAX, ELISABETH: Korczaks Auffassung von der Entwicklung des Kindes. Ein Beitrag zu Korczaks Bild vom Kinde / HARARI, LEON: Janusz Korczak und die ‹Kleine Rundschau›. Die erste und einzige von Kindern für Kinder und Erwachsene gemachte Zeitung / BARTELSKY, LESLAW M.: Über den Schriftsteller Janusz Korczak / SACHS, SHIMON: Korczak – eine fruchtbare Provokation / ZGODZINSKI, JERY: Korczaksche Inspirationen bei der Schaffung eines erziehenden Milieus in Korczakowo / FISCHBEIN, SIV: Korczak. Humanist und Pädagoge / DAUZENROTH, ERICH: Korczaks ‹Senat der Verrückten›. Absurdes Theater oder Vision / BEINER, FRIEDHELM: Der pädagogische Dialog bei Janusz Korczak. Überlegungen und Erfahrungen anhand des Kinderbuches ‹Kajtuś der Zauberer› / SACHS, SHIMON: Korczak – Erziehungsprinzipien für die 80er Jahre / FLEISCHER, WALTER: Korczak, ein Sicherheitserzieher? / DENECKE, WULF: Was macht Korczak für Jugendliche attraktiv? Erfahrungen aus der Gestaltung eines Korczak-Programms / DIETZ, GERHARD: Verantwortliche Elternschaft. Eine an Janusz Korczak orientierte Anregung / SCHONIG, BRUNO: Mit Kindern leben. Bericht über einen Versuch, Texte von Janusz Korczak so zu lesen, daß sie eigene Erfahrungen mit Kindern ermöglichen / REST, FRANCO: Das Recht des Kindes auf seinen Tod. Die Bedeutung Janusz Korczaks für die Erziehung in der Sterblichkeit / OELKERS, JÜRGEN: Was ist poetische Pädagogik? / OSCHLIES, WOLF: ‹Lagerszpracha›. Zur Theorie einer KZ-spezifischen Soziolinguistik.

BIEWEND, EDITH: Lieben ohne Illusion. Leben und Werk des Janusz Korczak. Heilbronn 1974.

Börsenverein des Deutschen Buchhandels (Hg.): Janusz Korczak. Ansprachen anläßlich der Verleihung des Friedenspreises. Frankfurt 1972.

DAUZENROTH, ERICH: Zum Schicksal Janusz Korczaks und seiner Kinder. In: Frankfurter Hefte. Frankfurt 1972, Heft 8.

DAUZENROTH, ERICH: Ein Leben für Kinder. Janusz Korczak. Leben und Werk. Gütersloh 1981.

DAUZENROTH, ERICH / HAMPEL, ADOLF (Hg.): Wer war Janusz Korczak? Gießen 1975. In diesem Band: BÖTTGER, DIRK: Wer war Janusz Korczak? Ein Feature / GÖNNER, RUDOLF: Die überzeitliche Bedeutung der Pädagogik Korczaks / MERŻAN, IDA: Korczak. Erzieher der Erzieher / ROGALSKI, STANISŁAW: Korczak – verkannter Pädagoge seiner Epoche / ROGALSKI, STANISŁAW: Das Schulexperiment Dr. Janusz Korczaks / SZLĄZAKOWA, ALICJA: Erzieherische Aspekte in Korczaks Kinderbüchern / FALKOWSKA, MARIA: Formen und Mittel der Realisierung des pädagogischen Systems Janusz Korczaks im ‹Dom Dziecka› in Warschau / BOGUSZ, JÓSEF: Der Mensch in der Zeit ohne Menschlichkeit / DAUZENROTH, ERICH: Religion und Erziehung: Das Beispiel Korczak / KORCZAK, JANUSZ: ‹Was ist zu machen, damit die Kinder pünktlich zur Schule kommen?› / MERŻAN, IDA: Mein letztes Gespräch mit Janusz Korczak.

DAUZENROTH, ERICH / HAMPEL, ADOLF / LICHARZ, WERNER: Janusz Korczak in seiner und in unserer Zeit. 2. überarbeitete und erweiterte Aufl. Frankfurt 1984. In diesem Band: DAUZENROTH, ERICH; HAMPEL, ADOLF; LICHARZ, WERNER: Vorwort / LICHARZ, WERNER: Zur Gestaltung, zur Einstimmung / LICHARZ, WERNER: Janusz Korczak, Pole, Jude, Vorbild der Menschheit / ZERNACK, KLAUS: Die politisch-gesellschaftliche Situation Polens zur Zeit Janusz Korczaks / TARNOWSKI, JANUSZ: Janusz Korczak, sein Leben und seine Aktualität / FABIAN, ANNE-MARIE: Janusz Korczak / TARNOWSKI, JANUSZ: Der Dialog Janusz Korczaks mit den Kindern / SUCHODOLSKI, BOGDAN: Janusz Korczaks Platz in der polnischen Literatur und in der Weltliteratur / KORCZAK, JANUSZ: «Unverschämt kurz» / HARARI, LEON: Janusz Korczak. Erinnerungen an einen großen Menschen und Lehrer / ders.: ‹Kleine Rundschau›: Korczaks Zeitung für die Kinder / SACHS, SHIMON: Janusz Korczak und das jüdische Kind / HAGARI, ADA: Janusz Korczak als Kinderschriftsteller / HAMPEL, ADOLF: Die Korczak-Rezeption in der Sowjetunion / DIŻUR, BELLA: Heimfindung durch Janusz Korczak / PÖRZGEN, RAINER: Was Janusz Korczak mir bedeutet / DAUZENROTH, ERICH: «Gebt dem Kinde frische Luft.» Der Erzieher als Arzt des Kindes.

Deutsch-Polnische Gesellschaft (Hg.): Janusz Korczak. Düsseldorf 1972. In diesem Band: o. A.: Wer ist dieser Mann? / GROCHOLA, WIESŁAWA: Korczak als Pädagoge / o. A.: Das kollegiale Schiedsgericht / SURUZON, ANNA: Erinnerungen der Mitarbeiter, Gedanken der Nachfolger / NIEWIADOWSKI, TEODOR: Weihnachten für die Kinder Korczaks / Sätze des Janusz Korczak / KORCZAK, JANUSZ: Tagebuch im Ghetto (Fragmente).

HENTIG, HARTMUT VON: Janusz Korczak oder Erziehung in einer friedlosen Welt. In: Börsenverein des deutschen Buchhandels (Hg.): Friedenspreis 1972. Frankfurt 1972.

JAWORSKI, MAREK: Janusz Korczak. Aufopferungsvolle Liebe zum Kind. Leipzig 1979.

Kirchner, Hanna / Lewin, Aleksander / Wołoszyn, Stefan (Hg.): Janusz Korczak. życie i dzieło. Materiały z Międzynarodowej Sesji Naukowej. Warszawa 1982.

Merżan, Ida: Stefania Wilczyńska und Janusz Korczak. In: Pädagogische Rundschau. Ratingen 1974. Heft 2.

Mortkowicz-Olczakowa, Hanna: Janusz Korczak. Arzt und Pädagoge. Weimar 1961, München/Salzburg 1967.

Newerly, Igor: Janusz Korczak. Der alte Doktor. In: Begegnungen mit Polen. Düsseldorf 1978, Heft 2.

Oelkers, Jürgen: Erziehung in der Gegenwart. Notizen zu Korczaks pädagogischer Theorie. In: Neue Sammlung. Stuttgart 1982. Heft 4.

Scharf, Rafael: Janusz Korczak. The man and his time. In: The Jewish Quarterly. London 1977, Heft 2.

Schulze, Günter: Die pädagogischen Gedanken Janusz Korczaks. In: Pädagogik. Berlin (Ost) 1978, Heft 6.

Ströder, Josef: Janusz Korczak zum Gedächtnis. In: Der Kinderarzt. Lübeck 1978, Heft 12.

Szlązakowa, Alicja: Janusz Korczak. Warszawa 1978. (Das Buch liegt auch in englischer Übersetzung vor).

Tarnowsky, Janusz: Die Bedeutung der Pädagogik von Janusz Korczak für die moderne religiöse Erziehung. In: Katechetische Blätter. München 1981, Heft 7.

6. Künstlerische Darstellungen

Akavia, Mirjam: Zwischen Hölle und Gelobtem Land. (Erzählungen). Gütersloh 1985.

Bronikowska, Maria: Die Wahrheit. Über Dich. (Gedichte). Aus dem Polnischen von Karl Dedecius. In: Dauzenroth, Erich / Hampel, Adolf: Korczak. Das Kind lieben. Ein Lesebuch. Frankfurt 1984.

Diżur, Bella: Heimfindung durch Janusz Korczak. (Gedicht). In: Dauzenroth, Erich / Hampel, Adolf / Licharz, Werner: Janusz Korczak in seiner und in unserer Zeit. 2. Aufl. Frankfurt 1984.

Doerdelmann-Kolbe, Erika: Janusz Korczak zum Gedenken. (Gedicht). In: Emuna / Israel-Forum, Heft 3. Rothenburg ob der Tauber 1978.

Eydoux, Emmanuel: Le dernier Pourimspiel des orphelins du Dr. Janusz Korczak, théâtre. Marseille 1967.

Fabian, Anne-Marie: Janusz Korczak. (Gedicht). In: Begegnung mit Polen, Heft 2. Düsseldorf 1978.

Ficowski, Jerzy: In memory of Janusz Korczak. In: The Jewish Quarterly, Nr. 100/101. London 1979. Deutsche Übersetzung: Zum Andenken an Janusz Korczak. Aus dem Polnischen von Karin Wolff. Gießen 1984 (Manuskriptdruck der Deutschen Korczak-Gesellschaft).

«Sie sind frei, Doktor Korczak.» CCC-Film / Artur Brauner, SD Scotia Deutschland Filmverleih.

Frisch, Alfred: Das Karussell der ungöttlichen Komödie. (Erzählung). St. Michael (Österreich) 1985.

Gronski, Ryszard Marek: Planet Ro. Aus dem Polnischen von Michał Fried-

MAN. Hamburg o. J. (Manuskriptdruck, hg. vom Deutschen Bühnenverein, Hamburg).

HERSEY, JOHN: Der Wall. (Roman). Baden-Baden/Stuttgart 1951.

KAMIEŃSKA, ANNA: Die Lüge des Doktor Korczak. (Gedicht). In: DAUZENROTH, ERICH / HAMPEL, ADOLF: Korczak. Das Kind lieben. Ein Lesebuch. Frankfurt 1984.

KONDO, JIRO: Hommage à Janusz Korczak. (Sieben Haiku in sieben Sprachen). Als Poster veröffentlicht von RAFAEL SCHARF. London 1983.

KUŻNIK, NORBERT / LISECKI, JAROSŁAW: Die Rosen des Alten Doktors. (Oratorium). (Ohne Angaben.)

SYLVANUS, ERWIN: Korczak und die Kinder. (Theaterstück). Hamburg 1957. Erweiterte Fassung: Reinbek 1980.

WOHLGEMUTH, HILDEGARD (Text) / MOJE, KLAUS (Musik): Janusz Korczak mit den Kindern mußte nach Treblinka gehn. (Lied). Schwann-Studio 301. Düsseldorf 1972.

ŻÓŁKIEWSKA, WANDA: Eine Chance für Heniek. (Roman). Berlin (Ost) 1981.

Namenregister

Die kursiv gesetzten Zahlen bezeichnen die Abbildungen

Nachbemerkung

Ich danke Prof. Dr. Erich Dauzenroth (Gießen), Ida Merżan (Warschau), Kazimierz Dębnicki (Warschau), Prof. Dr. Aleksander Lewin (Warschau), Prof. Dr. Shimon Sachs (Tel Aviv), Reuben Yatsiv (Lohamei Haghetaot/Israel), Prof. Dr. Ferdinand Klein (Mainz) und Norbert Sieberg (Schermbeck) für die vielen Gespräche, Hinweise und Ratschläge. Weiter habe ich zu danken Bernadett Jonda (Mainz), Gerda Sieben-Rethel (Fredeburg), Susanne Gretschel (Fredeburg), Anne Niessen (Bergisch Gladbach) und meinem Vater Josef Pelzer (Köln) für die Hilfe beim Übersetzen und Korrekturlesen.
Den Kindern und den Kollegen des Internats Fredeburg ist dieses Buch gewidmet. Ihnen verdanke ich fast alles, am meisten denjenigen, die mir zugesetzt haben. Namen kann ich hier nicht nennen; es käme eine zu lange Liste zustande.

Über den Autor

Wolfgang Pelzer, geboren 1951 in Köln, Studium der Philosophie, Germanistik, Musikwissenschaft und Pädagogik in Köln. 1976 Erstes Staatsexamen für das Lehramt am Gymnasium, 1981 Zweites Staatsexamen. Von 1981 bis 1982 Lehrer für Philosophie und Deutsch am Otto-Hahn-Gymnasium in Bensberg und am Nicolaus-Cusanus-Gymnasium in Bergisch Gladbach. Seit 1982 pädagogischer Mitarbeiter am Internat Fredeburg in Schmallenberg-Fredeburg. Essays, Kritiken, Gedichte und Aphorismen in verschiedenen Zeitschriften und Rundfunksendungen.

Quellennachweis der Abbildungen

Ullstein-Bilderdienst, Berlin: 6, 8, 12/13, 22, 23, 24, 26, 82 o, 82 u, 101, 104, 109, 120, 126, 134/35
Aus: Janusz Korczak, König Hänschen I., Göttingen 1971: 15, 96/97
Aus: Marek Jaworski, Janusz Korczak, Leipzig 1983: 25, 61, 85, 115
Aus: Bulletin of the Janusz Korczak International Association: 29, 56, 92
Süddeutscher Verlag, Bilderdienst, München: 28
Sammlung Erich Dauzenroth, Gießen: 34/35, 38, 46, 50, 54, 65, 66, 71, 75, 79, 89, 99, 112/113, 136, 145
Fotos Wolfgang Pelzer: 41 o, 41 u
Privatsammlung: 44, 53
Historia-Photo, Hamburg: 59
dpa: 68, 119, 121, 131, 132
Aus: Alicja Szlązakowa, Janusz Korczak, Warschau 1978: 73, 74
Zweites Wuppertaler Korczak-Kolloquium, Wuppertal 1978: 87
Éditions du Seuil: 91
Anderson-Giraudon: 106
Korczak-Archiv, Israel: 114, 124, 129